Eltern

Hans-Dieter Schütt

Regine Hildebrandt:
»Bloß nicht aufgeben!«

W0226893

Hans-Dieter Schütt

Regine Hildebrandt: »Bloß nicht aufgeben!«

Fragen an eine
deutsche Sozialministerin
(Brandenburg)

Dietz Verlag Berlin

Hans-Dieter Schütt, Jahrgang 1948, Journalist. Buchveröffentlichungen u. a.: »Sie werden plaziert« (Aphorismen), »K(r)ampflos in die nächste Runde« (gemeinsam mit Henry Büttner), »Macher und Gemachte« (gemeinsam mit Harald Kretzschmar), »Reinhold Messner: Ich gehe bis an die Grenze«

Schütt, Hans-Dieter: Regine Hildebrandt: »Bloß nicht aufgeben!« : Fragen an eine deutsche Sozialministerin (Brandenburg) / Hans-Dieter Schütt. – Berlin : Dietz Verl. GmbH, 1992. – 187 S.

ISBN 3-320-01786-1
© Dietz Verlag Berlin GmbH 1992
Umschlag: Michaela Barthel unter Verwendung eines Fotos von ND/Schmidtke
Printed in Germany
Gesamtherstellung: Graphischer Großbetrieb Pößneck GmbH
Ein Mohndruck-Betrieb

Was hülfe es dem Menschen,
wenn er die ganze Welt gewönne
und nähme an seiner Seele Schaden?

(Markus 8, 36)

Vorwort

1.

Wo beginnt Größe? Sagen wir: Einmeterneunundfünfzig. Das Schuhwerk ist wohl sehr fußgerecht. Die Kleidung: dunkle Gesetztheit, helle Freundlichkeit, zeitloser Charme. Kurzes blondes Haar; kaum eine Gestaltungschance für profilneurotische Friseure. Manchmal am Rednerpult sieht die Frau mit dem Spitznamen »Hilde« ein wenig so aus, als habe es die fernsehfreche Elke Heidenreich, um ein gehöriges Maß weiser geworden, in die Politik verschlagen. Dr. Regine Hildebrandt, verheiratet, zwei Töchter (22, 17), ein Sohn (20), kommt durch den dunklen Flur des altgrauen Mietshauses in Berlin-Mitte. Es ist morgens, man sieht nicht die Malerei im Hauseingang, gestaltet von ihr, ihren Kindern und deren Freunden. Diese Frau ist ausdauernd freundlich, aber irgendwie scheint sie auch immer auf dem Sprung zum Angriff. In der linken Hand eine Tasche, in der rechten Hand eine Tasche. Unterm linken Arm Papierstöße, unterm rechten auch. Als wir ins Auto steigen, frage ich mich, wie sie mir eigentlich eben die Hand geben konnte. Aber sie gab mir die Hand. Abschiedskuß von/für Jörg Hildebrandt; in aller Herrgottsfrühe kommt ihr Mann mit hinunter auf die Straße, und nachts wird er der letzte sein, der übers Autotelefon fragt, ob alles in Ordnung sei, und der so erfährt, daß seine Frau schon auf dem Heimweg ist. Schon? Ja, denn nicht selten ist es bereits der frühe Morgen des anderen Tages. Seit ich Regine Hildebrandt begegnet bin, weiß ich, daß es das Perpetuum mobile doch gibt. Und das menschliche ist durchaus ein technisches Wunder: Wie nur hält dieser Motor seine hohen Drehzahlen? Überall kommt sie zu spät. Zwischendurch ißt sie Äpfel oder anderes Obst. An einem Samstagabend fährt sie ihr Mann nach Potsdam, zum Haus von Ministerpräsident Manfred Stolpe. Beide werden gleich gemeinsam ins Hessische fahren, zu einer SPD-Klausurtagung. Schon steht der polizeiliche Begleitwagen bereit. Drüben, an der Tür seines Hauses, wartet Stolpe. Seelenruhig knipst Jörg Hildebrandt Licht an im Auto, holt einen Blechnapf heraus, einen Löffel, eine Flasche Milch, die Cornflakes. Reicht alles nach hinten: Abendbrot, Frau Ministerin! Die Polizei guckt zu, ziemlich verdattert. Regine H., geborene Radischewski, erlebe ich in Betrieben, in einem Altenheim, zwischen aufgebrachten Rumänen, die nach einer polizeilichen Untersuchung im provisorischen Quartier geradezu süchtig zu sein scheinen nach einem Menschen, der ihre Kinder streichelt. Da diese Ministerin keine Distanz zuläßt, muß sie dann gleichsam aus der hemmungslosen Bedürftigkeit ihrer Gesprächspartner herausgerissen werden. Vorm Präsidium einer Gewerkschaft in Potsdam sagt sie den schönen Satz: »So, nun berichten Sie mir bitte, was Sie bedrückt, machen Sie mich schlau – damit ich weiß, was ich will!« In der Schwermaschinenbau AG Wildau begleite ich sie eines Morgens auf eine Belegschaftsversammlung in Halle 5. »Helfen tut 'se nich, aber wenigstens Trost gibt 'se irgendwie«, sagt einer hinter mir. Mit Blumen geht Regine Hildebrandt aus dem Werk sowie zahlreichen Bittbriefen von Arbeitnehmern anderer Betriebe, die vor dem Tor geduldig gewartet hatten, um mit der Ministerin ein paar Worte zu reden. Die Blumen schenkt die Hildebrandt einer Frau, einer aus dem Kreis von Vorruheständlern, die seit über einem Jahr jeden Dienstag vor dem Werk demonstrieren. Weil sie nicht einsehen wollen, nach einem Leben, das einzig und allein aus Arbeit bestand, würdelos abgespeist und aus Sozialplänen gedrängt zu werden. Vorruheständler, die zu Unruheständlern wurden. Trifft sie auf solche Menschen, sieht die kleine tapfere Ministerin glücklich aus.

2.

Dr. Regine Hildebrandt ist Ministerin für Arbeit, Soziales, Gesundheit und Frauen im Land Brandenburg. Dies ist das einzige der neuen Bundesländer, in dem die SPD – wohl auch dank dem

Spitzenkandidaten Manfred Stolpe – die CDU (29,4 Prozent) mit 38,3 Prozent deutlich bei den Landtagswahlen 1990 distanzieren konnte. Regine Hildebrandt ist die östlichste Ministerin im nunmehr westlichen Deutschland: Sie verkörpert, so die »Frankfurter Rundschau«, »das zerrissene Selbstbewußtsein der Ostdeutschen, Freiheit genießen zu wollen, aber neue Unfreiheiten erdulden zu müssen.« Regine Hildebrandt sitzt auf einem Schleudersitz. Oder auf dem Pulverfaß. Das bezieht sich auf jedes ihrer Ressorts. Sie versucht zu vermitteln: zwischen marktwirtschaftlichem Erfordernis und dem menschlichen Recht auf soziale Würde. Sie ist eine Mahnerin. Sie lebt im Spagat. Es ist zu vermuten, daß sie in Bonn nicht allzu gern gesehen wird. Dort ist sie ohnehin selten. Und in Ostbetrieben ist mit Bonnern kaum zu rechnen. Aber gehört wird sie. Und die Stimme wird, wie die Stimmung allseits, ungeduldiger, schärfer. Der Zorn geht um im Land, und einer seiner Namen ist Hildebrandt. Die Biologin trat früh der Sozialdemokratie bei. Mit seinem Studienfreund Martin Gutzeit hatte sich im Frühjahr 1989 der spätere Außenminister der DDR, Pfarrer Markus Meckel, darangemacht, eine sozialdemokratische Partei zu gründen. Beide unterschieden sich damit von anderen Oppositionellen, »die den Schritt von der Bewegung zur Partei nicht wagen wollten«, wie etwa die Gründer des »Neuen Forums«. Am 24. Juli 1989 brachten sie den Initiativaufruf zur Gründung einer SDP der DDR zu Papier; am 7. Oktober, dem 40. und letzten Jahrestag der DDR, kam es zur Gründungsversammlung. Eine Woche später traten auch Hildebrandts, bis dahin bei »Demokratie Jetzt«, der Partei bei. Die Volkskammerwahl am 18. März 1990 führte zur politischen Sensation: Mit 22,1 Prozent schnitt die SPD mäßig ab, die Ost-CDU siegte mit 48,5 Prozent – im Verein mit der DSU und dem Demokratischen Aufbruch. In der Regierung Lothar de Maizières stellte die SPD, die sich vor allem am CDU-Koalitionspartner DSU rieb, sieben Minister, darunter zwei Frauen. Eine davon: Regine Hildebrandt. Sie holte sich den früheren Arbeitsminister der Bundesrepublik, Herbert Ehrenberg, zur Beratung in ihren Amtsbereich. Von Beginn an wies sie auf die Dramatik der sozialen Situation in der Noch-DDR hin; Schönfärberei aber siegte über notwendigen Realismus – als die Koalition am Einigungsvertrag zerbrach, ging auch Ministerin Hildebrandt. Ihr Ruf blieb. Und sie blieb sich treu. »Ach, mein Gott, das geht doch so nicht weiter! Für diejenigen, die jetzt in Lohn und Brot sind, wird es den Aufschwung geben. Aber für eine große Gruppe von Menschen wird es eine Angleichung der Lebensverhältnisse von Ost an West nicht geben. Aufschwung? Pustekuchen. Wir müssen jetzt verhindern, daß es noch schlimmer wird. Ich habe immer noch die Hoffnung, daß es bei lokalen Reaktionen bleibt und das Ganze nicht zu einem unkontrollierten Phänomen wird. Die Menschen sind erstaunlich ruhig. Das wäre in den Altbundesländern nicht so. Dort geht man schon bei ganz anderen Verhältnissen auf die Straße.«

3.

Nie wurde mir bisher die Wahrheit dessen bewußt, was mitunter als arg banale Definition des Bücherschreibens gilt: etwas zwischen zwei Pappdeckel pressen. Den Erzählton, den Redeschwung, das idiomatische Charisma dieser Frau? Es ist, als sperre sich Leben gegen die Anmaßung, aus ihm einen ordentlichen Vorgang machen zu wollen. Wenn Regine Hildebrandt spricht, bricht Sprache aus. In doppeltem Sinne. Sie bricht aus wie ein Brunnen, hell. Und ihre Gedanken brechen aus Zwängen aus, die vor allem einen Namen tragen – und das ist jener Punkt, der gewöhnlich einen Satz abzuschließen vermag. Was diese Frau denkt und spricht – und sie spricht, was sie denkt –, läßt sich kaum aufhalten von diesem kleinen, festen Damm, der alle Satzgefüge in überschaubare Abschnitte einteilt. Ein Komma, viele Kommata tun's doch auch; höchstens Frage- und Ausrufezeichen besitzen noch Autorität – das Ausrufezeichen wohl noch vor dem Fragezeichen; da ist einfach mehr »action« drin. Regine Hildebrandt ist keine Theoretikerin; daß sie viel mit den Händen redet ist Zeichen ihrer praktischen Veranlagung, und lieber würden die Hände mit Herz das tun, was der Mund nurmehr fordernd, flehend, rufend und drängend als Postulat in die Welt setzen kann. Eine Welt, in der das Händeringen zunimmt – vielleicht auch als Zeichen einer Sprachlosigkeit, die sich hinter immer mehr Worten zu verbergen sucht. Regine Hildebrandt ist eine Erzählerin in naivem Sinne. Ehe die kleinen

Dinge des Lebens womöglich interpretiert werden, sollen sie genannt sein, müssen sie noch einmal ausgebreitet werden. Immer wieder, mit nicht erlahmender Erinnerungskraft. Im Hundertsten angelangt, drängt der Gedanke doch schon ins Tausendste. Weiter, weiter, weiter – und doch immer wieder zurück zum Kern allen Lebens: Familie, Freunde, Nächstenliebe, Gerechtigkeit; Gerechtigkeit, Nächstenliebe, Freunde, Familie. Das Schriftliche scheint ihre Domäne nicht zu sein (die Redenschreiber werden ein Lied davon zu singen wissen); im wahrsten Sinne des Wortes: Regine Hildebrandt spricht sich lieber aus. Eine der Schwierigkeit dieses Büchleins bestand deshalb darin, gesprochenes Wort, das nicht stillhalten will, in geschriebenes Wort zu wandeln. Man muß diese Frau hörend lesen. Oder sie lesend hören. Wenn sie irgendwann ihr eigenes Buch schreiben wird, könnte das in unverwechselbarer Art ein Kapitel aus dem Alltag des deutschen Volkes sein – geschrieben von einer Berlinerin, die solchem Vorhaben freilich skeptisch gegenübersteht, und dies mit einer stichhaltigen Begründung: »Wissen Sie, mit dem Schreiben ist das so eine Sache – in der Zeit könnte man so viel nützliche Sachen erledigen.«

4.

Wir haben uns daran gewöhnt, daß Politik von denen »gemacht« wird, die sich zu ihren Experten erklärt haben und sie als »Beruf« ausüben – sie sprechen in vieler Namen, verhandeln über Volkes Bedürfnisse und Interessen, sie agieren und entscheiden an unserer Statt. Die Folge davon ist ein zunehmend verunsichertes oder gleichgültiges Gemeinwesen, dessen Funktionslogik der Vielfalt und Vielstimmigkeit der menschlichen Lebensverhältnisse den Atem nimmt. Der mündige Staat, in dem wir Ostdeutschen jetzt leben – auch er droht den mündigen Bürger zu verhindern. Regine Hildebrandt verteidigt die Ausdruckskräfte des einzelnen gegen die Regelungs- und Regulierungsgewalten der Institutionen. Sie ist eine, die den Begriff des Politischen aus seiner traditionellen Verklammerung mit der üblichen Staatstätigkeit löst und seinen eigentlichen, vergessenen Rohstoff wieder ans Licht fördert: den Reichtum der Handlungsenergien, den Schatz der Erfahrungen und Phantasien so vieler Individuen, die einmal mehr nur Objekte der Politik zu werden drohen. Oder es bereits wieder geworden sind. Diesen Reichtum des Politischen aber gilt es öffentlich freizusetzen. Das zu versuchen, kennzeichnet den Machtanspruch, den die Brandenburger Ministerin kraftaufwendig erhebt; zugleich offenbart dieser Anspruch ihre Machtlosigkeit: Sie redet Bonn oder anderswem nicht zum Mund, sondern zur Seele; doch um die ist ein Mantel geschlagen, der Mantel der Geschichte. Der schützt wie eine kugelsichere Weste, denn Verletzlichkeit schadet, noch immer, der Einträglichkeit des Politikerberufs. Das vereinzelt, wohl auf Dauer, auch eine Frau wie Regine Hildebrandt – gehört sie doch zu den wenigen hohen Beamten aus der DDR, die sich nicht schützen wollen, die so unermüdlich (im Innern vielleicht doch auch schon verzweifelt?) sehen, wer sie selber sind und wo sie sich befinden. Die Netze der gesellschaftlichen Einengung einer Frau mit diesen Ressorts dehnen sich und ziehen sich doch immer wieder zusammen. Es ist inzwischen fast schon ein Unding, daß es Regine Hildebrandt immer aufs Neue schafft, sich nicht doch in der Atmosphäre träger Unausweichlichkeit zu verfangen, die sich ausbreitet. (Freilich, jeder Beruf hat sein Notmaß an Routine; und so beherrscht auch sie die selbstschützende Fähigkeit, manchmal jemanden anzusehen, ohne zuzuhören.) Die Sehnsucht dieser Frau nach gestaltbarer Geschichte wächst aus der Erfahrung erlittener Geschichte. Auch wenn sich der Mensch vielleicht auch künftig als nicht fähig erweisen sollte, seine Geschichte zu bestimmen – die Würde seines Lebens, seiner eigenen Geschichte kann er allemal bestimmen. Das lehrt diese Frau. In dem Zusammenhang sei auf das Fernsehinterview »Zur Person« mit Günter Gaus verwiesen. Von geradezu psychologischer Raffinesse zeugt stets jener Moment, da er seinen Gesprächspartnern deren Biographie präsentiert und die Kamera zusieht, wie die Interviewten dem eigenen Lebenslauf zuhören. Die Reaktionen sind unterschiedlich. Bei Regine Hildebrandt stellte ich eine innige Ruhe, ein einverständliches Lächeln fest. Ein Mensch in tiefem Einklang mit sich selbst. Ganz im Sinne des deutschen Dichters Friedrich Schiller, der in seinem 9. Brief »Über die ästhetische Erziehung« schrieb: »... alle Verbesserung im Politischen soll von der Veredlung des Charakters ausgehen – aber wie kann sich unter den Einflüssen einer barbarischen Staatsverfassung der Charakter veredeln?« Worauf Regine Hildebrandt wieder auf jene unnachahmliche Weise mit ihrer modischen Halbbrille spielt, die angespannte Nervosität verrät, und dann sagt sie entschieden: »Hören Sie mal, Charakter hin und her, und das mit der Staatsverfassung würde ich ja nun überhaupt nicht so sehen, also da unterscheiden sich die Zeiten wohl ganz gewaltig – wir müssen nur endlich aus dem Knick kommen, das isses, verstehen Sie!«

5.

Ich bin dieser Frau, bevor unsere Interviews stattfanden, nicht begegnet. Wenn man keinen Tag lang, keinen Gedanken lang zu denen gehörte, die auf Volkes Seite den Herbst 1989 vorbereiteten, klopft das Herz beim Fragen und nicht minder bei den Antworten. Ich weiß aus früherer politischer, journalistischer Praxis: Die größte seelische Grausamkeit haben Funktionäre des einstigen Staates an sich selbst begangen – indem sie Gewissen eines Tages automatisch mit Pflichterfüllung gleichsetzten. Eine deutsche Krankheit. Von da an war der quälende Konflikt zwischen Gewissen und Pflicht »glücklicherweise« beseitigt; aber damit ist auch eines der wichtigsten moralischen Regulative in der Politik vernichtet.

6.

Zeit hat eine zermürbende Kraft. Und sie ist schnell. Die Gespräche dieses Bandes fanden zwischen September und Dezember des vergangenen Jahres statt. In Brandenburg gab es noch keine Kommission zur Untersuchung der Stasi-Kontakte Manfred Stolpes. Der Alterspräsident des Parlaments in Potsdam hieß noch Gustav Just. Noch existierte die Sowjetunion. Das Forum zur DDR-Vergangenheit hatte sich noch nicht konstituiert, der Plan dazu trug noch den umstrittenen Arbeitstitel »Tribunal«. Vieles war noch ganz anders, und doch ist auch alles so geblieben. Regine Hildebrandts Gedanken belegen somit aktuelles politisches

Geschehen, zugleich sind sie ein in dieser Ausführlichkeit erster Versuch, sich einer »ganz alltäglichen Biographie« zu nähern, »die in Deutschland begann und durch mehrere weitere Deutschlands führt. Und versprechen Sie sich mal nicht zu viel. Mehr als eine Skizze wird das nicht. Was gibt es auch groß zu sagen!« Zumindest gibt es, glaube ich, eine Menge zu erzählen.

Berlin, im März 1992   *Hans-Dieter Schütt*

Ein Herbstnachmittag.
Leben in der Bernauer.

Sie ist abgespannt. Aber freundlich. Und Möhren knackt sie.
Eine zum Mittag, die andere zur Vesper. Wir waren heute im
Armaturenwerk Herzberg und in einem Asylbewerberheim, das
früher »Ferienpension Waldesruh« hieß. Wahrscheinlich lernte
ich heute eines ihrer Lieblingsworte kennen: »Wunderbar«.
Tröstlicher Zuspruch? Einstudierter Überschwang? Ist Optimist
zu sein schon wieder ein Beruf? Sie gleicht dem Wasser, das
den Stein zu bewegen sucht. Sie geht an gegen Bitternis, die
den Tag aushöhlt. Ihre Unermüdlichkeit gleicht dem Schatten,
der noch in tiefster Nacht fragt: Was ist zu tun?

»Politiker aus dem Westen – also eigentlich mag ich diese
Trennung ja überhaupt nicht – sind die eigentlichen Verdrän-
gungskünstler. Sie verdrängen ein Stück wahrer, von uns ja
wirklich vollzogener Geschichte, es ist ein Stück unseres Lebens, das sie wegwerfen wollen, und das auch noch in unser
aller Namen! In solch billige Gnade dürfen wir uns nicht hin-
einlehnen. Ich denke, wenigstens soviel an Stolz sollten wir haben, daß wir auch unsere Niederlagen ernst nehmen. Und
wenn wir nichts anderes von vergangener Zeit retten könnten
als dieses Gefühl, etwas verloren zu haben, vielleicht auch sehr
halbherzig gewesen zu sein. Und ich bin in diesem Zusammenhang weit davon entfernt zu denken, wir als Christen hätten
nun etwa eine großartige Heldengeschichte hinter uns.«

HANS-DIETER SCHÜTT: Haben Sie heute mal daran gedacht, daß Herbstanfang ist?

REGINE HILDEBRANDT: Ach, was? Heute? Nein, daran habe ich überhaupt nicht gedacht. Früher haben wir so was gefeiert.

HANS-DIETER SCHÜTT: Gefeiert?

REGINE HILDEBRANDT: Ja. Wenn's ein Sonntag war, mit Drachensteigen; wenn's kein Sonntag war, zum Beispiel mit Basteln. Da haben wir, als die Kinder noch klein waren, Kastanien gesammelt und Tiere gebastelt oder bunte Herbstblätter zu wunderschönen Sträußen präpariert.

HANS-DIETER SCHÜTT: Erzählen Sie bitte mehr darüber.

REGINE HILDEBRANDT: Meine Schwiegereltern besaßen in Woltersdorf ein Grundstück, da ist so eine kleine Querstraße mit Kastanien, das war unser bestes Einflugsgebiet, da sammelten wir die Kastanien beutelweise. Mit Streichhölzern bastelten wir Igel; das macht sich immer sehr schön. Wir haben gern solche Sachen gemacht, dazu noch Nichten und Neffen eingeladen und dann zusammen gefeiert, Kaffee getrunken oder Abendbrot gegessen. Jede noch so kleine Gelegenheit zu nutzen, um eine kleine Festrunde zu machen – darin waren wir ganz groß!

HANS-DIETER SCHÜTT: Das bezog sich nun auf den Herbstanfang. Wie war es denn mit anderen Jahreszeiten?

REGINE HILDEBRANDT: Na, zum Frühlingsanfang erst recht! Frühlingsanfang ist ja nun noch viel schöner. Ich liebe den Frühling ganz besonders, gerade wegen der Blumen, ich bin ja schließlich Biologin. Die Frühblüher, das sind meine liebsten Blumen, also Leberblümchen und die Anemonen. Oder die Winterlinge! Im vorigen Jahr zum Beispiel, da habe ich ein schönes Erlebnis gehabt. Die Winterlinge sind doch so 'ne gelben Blumen, die als erste im Frühjahr rauskommen, und eines Tages war ich in Löwenberg, nördlich von Berlin, weil dort die Stadtverordneten große Schwierigkeiten bekamen mit der Kindergartenorganisation und -finanzierung. Sie hatten einen Brief geschrieben, und ich dachte, da fährst du am besten mal hin. Es wurde natürlich wieder spätabends, und auch der Pastor – er heißt doch tatsächlich Engel – war mit dabei, er gehört mit zur Stadtverordnetenversammlung. Wir diskutierten also, und ich wußte, daß sich um die Löwenberger Kirche, ein Naturdenkmal in Brandenburg, ein riesiges Winterlingsfeld ausbreitet. Das wollte ich unbedingt sehen! Doch war's inzwischen dunkel, da hat Pastor Engel zur Taschenlampe gegriffen und ist mit mir zur Kirche gestiefelt, um mir die Winterlinge zu zeigen. Das gehört zu meinen schönsten Erlebnissen des vergangenen Jahres.

Aber nochmal zurück zum Frühlingsanfang-Feiern. Da waren wir also unterwegs, nahmen Blüten mit nach Hause, preßten sie oder haben die Pflanzen zum Teil auch ausgebuddelt und kleine Frühjahrstöpfchen aufgestellt. Dann haben wir, früher viel mehr als jetzt, wegen der Kinder, Feste vorbereitet, indem wir Kuchen gemeinsam gebacken haben. Bei uns ist es eine große Tradition, Torten zu backen und zum Beispiel mit Buttercreme die Zahl eines Geburtstags draufzuspritzen. Bei solchen Gelegenheiten wie Frühlingsanfang wurden ebenfalls Torten gebacken, und jedes Kind konnte ein bißchen das Creme-Torten-Spritzen üben. Selbstverständlich wurden Gäste eingeladen, und das war auch schnell möglich, weil zu unserer Familie, in der Generation meiner Kinder, ja, wieviel eigentlich, 13 Enkelkinder für die Großeltern dazugehören. Das heißt also, es gab ausreichend Cousinen und Cousins, die meist alle in Berlin wohnten, und so war stets für genug Publikum gesorgt.

Hans-Dieter Schütt: Natur ist demnach bei Ihnen ein wesentliches Bindeglied für familiäre Beziehungen?

Regine Hildebrandt: Pflanzenbestimmen ist bei mir so etwas wie eine Lieblingsbeschäftigung! Das kommt vom Studium her, aber auch in der Oberschulzeit habe ich mich schon dafür interessiert, was so alles fleucht und kreucht. Meine relativ große Artenkenntnis gerade von Blütenpflanzen versuchte ich, den Kindern zu vermitteln, indem wir die gepflückten Pflanzen zu

Hause hingestellt und sie mit Namensschildchen versehen haben. Das ist ihnen dann doch ein bißchen auf die Nerven gegangen. Aber die Natur ist ein wichtiges Bindeglied, ja, das stimmt, es ist dieses kreative Unterwegssein auf Familienwanderungen, nicht bloß mit unseren Kindern, sondern im gesamten Familienverband, das hat uns alle mit geprägt. Zwischen Weihnachten und Neujahr begaben wir uns immer auf obligatorische Verdauungswanderung, da sind so zwischen zehn und zwanzig Leute aus der Familie unterwegs. Das machen wir heute noch, das ist eine wirklich schöne Sache.

HANS-DIETER SCHÜTT: Haben Sie da eine bestimmte Strecke?

REGINE HILDEBRANDT: Nein, ganz unterschiedlich. Wir überlegen uns immer 'was Neues. Strausberg, die Löcknitz entlang, beispielsweise, oder die Briese-Tour. Oder wir sind die Erpe langgestiebelt, da hörte plötzlich der Weg auf, nur Schneematsch, und wir sind klitschnaß gewesen. Das steigert die Heiterkeit, anschließend wird sich mit einem heißen Fußbad wieder aufgewärmt. Oder wir gingen auf Pilzwanderungen, wir sind große Pilzfreunde, und jedes Mal am Abend wurde ein gemeinsames Pilzmahl gekocht.

HANS-DIETER SCHÜTT: Wer ist für so was der treibende Keil – Sie oder Ihr Mann?

REGINE HILDEBRANDT: Ich. Mein Mann, sagen wir mal so, könnte gut und gerne manches in reduziertem Maße ertragen. Für die erwähnten Unternehmungen bin ich immer der Initiator gewesen. Freilich macht er gern mit, und förderlich ist, daß viele Familienmitglieder gern wandern; das reißt alle mit.
Die Erhaltung von Höhepunkten in der Familie ist ganz wesentlich. Wenn mal ein verregnetes Wochenende war und alle machten am Sonnabend einen ziemlich tristen Eindruck, wurde für Sonntag ein Tischtennisturnier organisiert, um die Stimmung zu heben. Im Kinderzimmer haben wir unsere Tischtennisplatte aufgestellt und unter Freunden, Cousinen und Cousins herumtelefoniert. Wer Lust hatte herzukommen, sollte sich auf

die Socken machen. Das war stets furchtbar lustig, die meisten, die wir angesprochen hatten, kamen, es wurde Kuchen gebakken, und so startete das Turnier. Natürlich waren die meisten keine großen Könner, das machte das Treiben nur noch bunter. Dazu muß ich noch sagen, daß ich Hobby-Fotografin bin; von frühester Jugend an habe ich selber Schwarz-Weiß-Bilder gemacht, sie selbst abgezogen und entwickelt. Auch beim Tischtennis wurde geknipst, und dann möglichst noch solche Aufnahmen, auf denen die Akteure besonders lustig aussehen. Die Bilder wurden entwickelt, manchmal am gleichen Abend, und so hatten wir wieder 'was zum Amüsieren. Fotos, die solche Sachen dokumentieren, besitzen in unserer Familie einen großen Stellenwert. Die Kinder gucken sich die Bilder noch heute an. Wenn irgend jemand sagt, der Franz – mein Enkelsohn, ich bin seit Januar 1991 Großmutter, meine Große ist verheiratet und hat einen Jungen – also Franz sähe doch aus wie mein Sohn Jan, als der so klein war, na, da läuft sofort einer los und holt die Fotoalben, und wir vergleichen, wie Jan in dem Alter aussah. Das halte ich für ganz wesentlich, wissen Sie, diese gemeinsame Gestaltung von Familienleben, diese gemeinsame Erinnerung. Nicht bloß das Ereignis an sich, sondern das Rezipieren, das macht so viel aus. Und das ist nicht nur in der Familie so entscheidend. Ich kenne das auch aus dem früheren Arbeitskollektiv, da sollten Brigadetagebücher geschrieben werden, und alle haben sich gequält; schließlich wurde es abgeschafft, man wurde auch ohne Brigadetagebuch »Kollektiv der sozialistischen Arbeit«. Aber ich hab' in der Regel geknipst, wenn wir etwas gemeinsam unternahmen, auch im Labor; ich hab' die Fotos dann abgezogen, sie eingeklebt, und dieses »Wißt Ihr noch ...?« gehörte einfach dazu. Es ist ein Stück materialisiertes Gedächtnis. Der Mensch kann wahnsinnig viel erleben – aber wenn Erlebnisse nicht bewahrt, wenn auch im nachhinein, wie auch immer, nicht mit ihnen weitergelebt, umgegangen wird, sind sie nur halb so viel wert. Gemeinsames Erinnern halte ich für eine entscheidende Form von Kommunikation.

HANS-DIETER SCHÜTT: Liegt in all dem, was Sie erzählen, vielleicht schon ein Ursprungsimpuls, der viel mit Politik zu tun hat?

Leute zu bewegen, in Bewegung zu halten, Initiative zu ergreifen, wenn man merkt, es passiert nichts? Meistens sind es im Leben doch immer dieselben, die etwas machen, und auf die sich die anderen verlassen.

Regine Hildebrandt: Ich hab meine Aktivität nie politisch empfunden. Es war nur immer so, daß ich einfach das Bedürfnis hatte, aus mir heraus Leben zu gestalten, den Tag zu gestalten, die Zeit nicht zu vertun, sondern sie zu nutzen, 'was auf die Beine zu stellen. Was zu schaffen. Es fing an mit so simplen Sachen wie Handarbeiten, die meine Großmutter, die leider relativ früh verstorben ist, mit mir machte. Das hat mir sehr gefallen, das fand ich schön – zum Beispiel zu Weihnachten, als 12- oder 13jährige, für alle Tanten und Cousinen Weihnachtsgeschenke zu basteln. In dem einen Jahr gab es einen umhäkelten Bügel oder ein gestricktes Deckchen, im nächsten Jahr ein umhäkeltes Taschentuch. Die Sachen verschickte ich auch, an meine Hamburger Verwandten, einfach aus dem Wunsch heraus, eine Freude zu machen, eine Freude, die mit eigener Arbeit und Mühe verbunden ist. So habe ich es immer gehalten und meinen Kindern vorgelebt. Nicht vergeblich, wie ich jetzt spüre. Das empfinde ich als Glück. Ich denke, die Familienbindung, die Geborgenheit in der Familie, bestimmte Regelmäßigkeiten und Abläufe im Familienleben sind kolossal nützlich. Zu Ostern beispielsweise werden Ostereier gebatikt, mit Wachstechnik, die aus dem Spreewald kommt, wunderschöne Ostereier! Eine Schwägerin von mir ist aus der Gegend, bei denen wurde es ohnehin immer Ostern zu Hause gemacht, und ich selber brachte die Technik sogar zu relativer Perfektion. Es wurde mit den Kindern gemeinsam gemacht, und es ist obligatorisch, daß jedes Jahr Ostereier bemalt werden, und zwar dutzendweise, ich sage Ihnen, dutzendweise, es gibt hinterher nur noch Rührei zum Abendbrot ... Und genauso zu Weihnachten: Da gehört es zur Tradition, Pfefferkuchenhäuser zu backen. Für alle Nichten und Neffen, für alle Kinder der Familie.
Oder das Singen. Wir sind leidenschaftliche Sänger, Chorsänger; am 1. Weihnachtsfeiertag abends trifft sich die gesamte Familie bei uns zum Familiensingen. Da kommen sie alle an, es

gibt ein gemeinsames Abendbrot, und hinterher ist Musik angesagt.

HANS-DIETER SCHÜTT: Und Sie müssen für alle kochen und bak-
ken?

REGINE HILDEBRANDT: Das macht mir nun gar nichts aus! Wenn
Sie eine große Familie und sehr oft Besuch haben, dann ist klar,
daß Kochen und Backen zur Selbstverständlichkeit werden. Darüber rede ich nicht groß, das wird so nebenbei mit erledigt.
Übrigens habe ich auch durch unser Singen in der Berliner
Domkantorei meine »Kochkunst« vervollständigen können. Seit
1961 singt unsere Familie da mit, mein Schwager hat damals
den Chor gegründet, und wie das eben in den 60er Jahren war:
Es gab nicht sonderlich viele Möglichkeiten, den Chor auf Wo-
chenendtouren in Hotels oder Pensionen unterzubringen. Wir
mußten auf Heime ausweichen, deren Unterkunftspreise bezahl-
bar waren, wo wir aber selber kochen mußten. Da hab' ich für
50, 60 Leute Mittag gekocht und Abendbrot gemacht, keine
Frage. In solchen Sachen bin ich relativ kurz entschlossen und
unkompliziert. Wenn 'was nicht hinhaut, dann muß man eben
irgendwie zaubern. An der Kocherei soll doch nun schon gar
nichts scheitern. Also: Traditionsbildung halte ich für ganz wichtig in der Familie, und es ist uns gelungen, daß das für unsere
Kinder ebenso dazugehört wie für uns Eltern. Meine Tochter
etwa, die Große, die doch relativ viel opponiert hat, weil sie
eine starke Persönlichkeit ist und sich wahrscheinlich mitunter, sagen wir mal, etwas vereinnahmt fühlte von der Familie – sie hat jetzt genau jene gleiche Intention und die gleiche
Lebenshaltung, die ich eben für mich skizzierte, und oft ist sie
diejenige, die sagt, jetzt müssen wir doch mal irgend was machen. Leider habe ich überhaupt keine Zeit mehr. Was aber zum
Beispiel dazu führt, daß mich die Familie gestern nachmittag so
um 16 Uhr in Brandenburg von einer Veranstaltung abgeholt
hat. Mit dem neuen VW-Bus, den wir uns kürzlich gekauft haben! Das war der Traum meines Mannes, damit endlich mal alle
in ein Auto passen und wir nicht immer im Konvoi durch Berlin
fahren. Sie sind also mit dem VW-Bus angekommen, die älteste

Tochter mit dem Baby, mein Sohn Jan, der ist 18, saß am Steuer bei dem miesen Wetter, dazu unsere Oma, die ist 82, die Elske, die Kleine, die war auch mit, die wird in Kürze 18, nee, sie ist ja schon 18. Wir fuhren nach Ribbeck, sind spazierengegangen, dazu hat's doll geregnet, meine Tochter, die gerade ihre Fahrerlaubnis macht, fuhr mit dem Bus ein bißchen auf den Feldwegen hin und her, um zu üben, so hat sie auch noch was ganz Praktisches von der Tour gehabt, na, und schließlich fuhren wir nach Hause, und weil ich den ganzen Tag nichts zu essen gekriegt hatte, haben wir abends schön Mittag gemacht – Blumenkohl gekocht und uns noch ein wenig mit dem Kleinen beschäftigt. Da war der Tag gelaufen. Wunderbar!

HANS-DIETER SCHÜTT: Sind Sie ein konfliktbewußter, ein konflikttreibender Mensch, oder sind Sie mehr auf Harmonie bedacht?

REGINE HILDEBRANDT: Ich bin extrem auf Harmonie bedacht, aber das heißt nicht, daß ich Konflikte scheue. Harmonie ist gleichsam der entscheidende Endpunkt, der aber wohl nur zu erreichen ist, wenn man Auseinandersetzungen im Sinne angestrebter Innigkeit von Beziehungen richtig auslebt. Mein Mann und ich, wir haben nie laute Konflikte, die gibt's bei uns nicht. Differenzen sind minimal und werden sehr leise ausgetragen. Aber dauernd gibt's laute Konflikte mit den Kindern, ober besser: Es gab sie, inzwischen ist's nicht mehr so schlimm. Früher wurde mächtig auf den Putz gehau'n, bei uns hat keiner Komplexe mit seiner Meinung. Aber es war stets ein großes Bedürfnis, daß man nicht lange Krach macht, sondern die Dinge emotional abreagiert. Emotionalität empfinde ich als etwas sehr Positives; an Herzdrücken leiden ist furchtbar. Wenn Sie drei Kinder haben, dann ist sowieso immer 'was los. Meine Mutter wohnt ebenfalls bei uns im Haus, eine Etage tiefer, seit über zehn Jahren schon, seit mein Vater tot ist. Sie hat ihre eigene Wohnung, ist aber beim Essen auch oft bei uns, sie mischt natürlich noch kräftig mit. Eine Frau, ebenfalls stark auf Harmonie bedacht, aber eben sehr lebhaft. Ich sage immer, bei uns zu Hause könnte man einen Fernsehfilm drehen, noch beim normalen Abendbrot ist's entweder lustig oder sonstwie turbulent, oder es ist Krach, auf jeden Fall ist immer 'was los. Diese unverkrampfte

Form von Bewältigung der Familienprobleme halte ich für ganz wichtig. Nur keine Konflikte vertuschen! Damit nicht etwa seelische Verwerfungen entstehen. Nein, in einer im Prinzip wohlmeinenden Gemeinschaft muß man die Dinge ausdiskutieren. In jeder Familie gibt es einfachere Menschen, und es gibt kompliziertere, so ist es auch bei uns. Aber man kriegt das alles hin.

HANS-DIETER SCHÜTT: Halten Sie Familie auch für eine wesentliche Stütze, um durchzuhalten, was Sie im Moment tun?

REGINE HILDEBRANDT: Es ist die entscheidende Basis! Ich wäre nie in die Politik gegangen, wenn die Kinder noch kleiner gewesen wären. Das ist im Moment mein Kummer mit dem Enkelsohn. Bei den Großen, meinen Kindern, kann ich davon ausgehen, daß sie so viel eigene Gemeinschaft entwickelt haben, daß ich da ohnehin nicht mehr gebraucht werde, doch mit dem Kleenen ist das so 'ne Sache! Vor 14 Tagen hatte ich ihn eine Weile nicht gesehen, und als er mich nun sah, konnte ich machen, was ich wollte, er hat immer geheult, das war vielleicht 'ne Zirkusnummer. Ob ich nun leiser war, lachte oder ihn gar nicht beachtete – sowie ich hinsah, fing der doch gleich an zu heulen. Wir haben uns drüber amüsiert, glücklicherweise habe ich da keine Komplexe von wegen verletzter Großmütterlichkeit und so. Aber in solchen Momenten merkt man doch mehr denn je, wie entscheidend Familie ist. Deshalb tut es mir leid, daß nun vieles nicht mehr möglich ist. In den letzten Jahren habe ich immer nachmittags gekocht, wenn ich nach Hause kam. Bei uns aßen nämlich alle so gern Mittag, gegen 19 Uhr hat's deshalb warmes Essen gegeben, dies war der Ruhepunkt des Tages, alle waren da, der Tisch war besetzt und gedeckt, alle haben ordentlich zugelangt, dabei wurde ausgepackt, was am Tag los war. Diese Situation fehlt mir sehr, und ich weiß, sie fehlt auch meiner Familie. Mein Sohn verabschiedet sich schon immer Sonntagabend von mir und sagt, also dann, bis zum nächsten Wochenende. In der Woche komme ich ja ohnehin so spät nach Hause, daß er sowieso schon schläft. Und wenn er dann beim Frühstück sagt, daß er vorgestern ausgelernt habe, da können Sie sich vorstellen, das ist doch schon ein ganz seltsames Gefühl. Also, wenn meine Familie nicht so lieb wäre und sich so große Mühe geben würde, und wenn die Kinder nicht so groß wären, könnte man das nicht machen. Für meine Familie ist mein öffentliches Dasein aber glücklicherweise doch schon 'ne Portion Normalität. Es kommt ja grundsätzlich auf den Lebensstil einer Familie oder einer Gemeinschaft an, wie sie mit solchen Dingen fertig wird. Bei uns war es seit jeher so, daß wir ein sehr offenes Haus waren. Die Kinder haben ständig Freunde mitgebracht, wir hatten um die Zeit der ersten freien Wahl in der DDR, da wir ja quasi unterm Fernsehturm wohnen, abends wahnsinnig viel Besuch, Freunde, Bekannte, Westverwandte, Westbekannte, die einfach mal so zwischendurch vorbeikamen, unangemeldet oder angemeldet, je nachdem, aber es waren eben immer viele fremde Leute da. Die Familie konnte damit umgehen, daß diese Leute mit am Tisch saßen und sofort mit dazugehörten. Und das ist ganz wesentlich. Verstehen Sie, wenn Sie normalerweise immer nur unter sich sind, und auf einmal kommt da Hinz und Kunz, und die kennen überhaupt keinen, da wird's komisch. Aber bei uns gehört Öffentlichkeit zum Alltag. Andererseits führen wir freilich ein völlig normales, ungetrübtes Familienleben. Interessant und schön finde ich, daß meine Kinder und mein Mann durchaus kritische Beobachter dessen sind, was ich so beruflich treibe. Es ist nicht so, daß sie das alles ausgesprochen toll finden, sie schauen genau hin, kommen auch gern mal zu Veranstaltungen mit oder sehen sich irgendwelche Fernsehsendungen über mich an – im Gegensatz zu mir.

Hans-Dieter Schütt: Zufrieden sein mit sich selber, mit sich selber eins sein – könnten Sie das als Teil Ihrer Grundhaltung zum Leben bezeichnen?

Regine Hildebrandt: Mit sich selber eins sein, ja. Mit sich zufrieden sein, nein. Ich bin oft der Meinung, ich müßte täglich mehr schaffen, ja, das muß ich so sagen.

Hans-Dieter Schütt: Aber eins mit sich sind Sie?

Regine Hildebrandt: Das auf jeden Fall. Es sind in meinem Leben so viele schöne Dinge geschehen und gelaufen, einfache Dinge, die ich mit lieben Leuten um mich 'rum erlebt und gestaltet habe. Und zu denen ich stehe, verstehen Sie. Es ist nicht so, daß ich ständig mit dem belastenden Gefühl umgehen muß, also da denkst du lieber nicht dran oder da sprichst du nicht drüber oder das solltest du mal ein bißchen anders darstellen. So, wie wir Hildebrandts meinten, es machen zu müssen, so haben wir gelebt. Ich sehe keinen Grund, mein Leben im nachhinein irgendwie umzumuddeln.

Hans-Dieter Schütt: Das ist ja nicht bei allen Menschen so. Viele Leute tun nicht das, was sie eigentlich wollen und können. Insofern, glaube ich, besteht in dem, was Sie sagen, auch ein wesentlicher Teil Ihrer Wirkung auf andere Menschen.

Regine Hildebrandt: Ich bin von dem, was ich sage, überzeugt, und ich glaube das, und deswegen sage ich es. Wenn ich etwas nicht glaube, sage ich es nicht. So war's schon immer, ja. Und ich frage nicht, ob die Zeit danach ist, das für mich selbst als richtig Erkannte zu sagen oder nicht. Und mich interessiert nicht, ob das honoriert oder man als störend empfunden wird. Ich denke und fühle nicht konjunkturell.

Hans-Dieter Schütt: Der Schriftsteller Heinz Knobloch hat in der »Wochenpost« den Vorschlag gemacht, Sie sollten später mal Bundespräsidentin werden. Was halten Sie davon?

Regine Hildebrandt: Ich will keine Karriere, keine besondere politische Rolle spielen. Ich möchte, daß sich hier im Osten was verändert, hier in den neuen Bundesländern. Und da gibt's für mich nur die Möglichkeit, hier zu arbeiten, und zwar eng verbunden mit den Problemen, die im sozialen Bereich existieren. Demzufolge ist Bundespräsidentschaft sowieso äußerst abwegig.

Hans-Dieter Schütt: Verändert Politik den Charakter?

REGINE HILDEBRANDT: Ich hoffe so zu bleiben, wie ich bin; meinen Vorstellungen von Leben und Arbeiten versuche ich treu zu bleiben; in Schubladen lasse ich mich ungern einordnen. Vor allem fehlt mir wohl das Zeug zur Politikerin im landläufigen Sinne. Wenn ich in dem Zusammenhang schon das Wort von der Karriereplanung höre ...

HANS-DIETER SCHÜTT: Aber Sie machen ja nun Politik. Mit anderen Zielen als andere?

REGINE HILDEBRANDT: Bescheidener, natürlicher sollten wir sein. Politik müßte den Menschen helfen, den wichtigen, wirklich lebenswichtigen Dingen des Daseins auf die Spur zu kommen.

HANS-DIETER SCHÜTT: Tröstet es Sie, daß anderswo auf dieser Erde die sozialen Probleme ungleich größer sind?

REGINE HILDEBRANDT: Ja, aber ich weiß nicht, ob Trost das richtige Wort ist. Auf jeden Fall hoffe ich, daß es nicht zu einer »Sozialfestung Europa« ohne unsere osteuropäischen Nachbarn kommt.

HANS-DIETER SCHÜTT: Was glauben Sie, wie lange reicht Ihre Kraft?

REGINE HILDEBRANDT: Also, eigentlich bin ich nicht der Typ, der aufgibt. Und im übrigen: Als berufstätige Mutter mit drei Kindern, in glücklicher Ehe lebend, immer mit dem Haushalt belastet wie jede Frau in der DDR, bin ich es gewohnt, von früh bis abends anzupacken. Ich höre nicht von allein auf.

HANS-DIETER SCHÜTT: Könnten Sie sich als Nachfolgerin von Norbert Blüm vorstellen?

REGINE HILDEBRANDT: Was soll ich denn da drüben, na hören Sie mal!

Hans-Dieter Schütt: Das sind alles Themen, über die wir noch ausführlich reden müssen. Zunächst: Wie ist denn Ihr Verhältnis zu Blüm?

Regine Hildebrandt: Na, Blüm, mit dem könnte ich Urlaub verbringen und Feste feiern, verstehen Sie, das ist ein ausgesprochen umgänglicher, netter und witziger Mann. Aber er ist eben in seiner Lage zwischen den Stühlen gebunden. Er ist als Person besser als sein Ruf – wobei es logisch ist, daß man seinen Ruf mit dem verbindet, was er politisch bietet, und das macht mich oft ganz zornig. Ich glaube wirklich, der Norbert Blüm hat eine soziale Ader, den Stallgeruch eines Arbeiters – aber Anwalt der Lohnabhängigen und zugleich Erfüllungsgehilfe der Wirtschaft zu sein, das ist eben eine verflucht schwere Aufgabe.

Hans-Dieter Schütt: Womit wir schon tief in der Politik stecken und also auch in Ihrem Arbeitsgebiet. Wenn Sie den heutigen Tag überdenken, ein Drittel der Zeit Sitzung, die anderen beiden Drittel Aktionismus – was bleibt von so einem Tag? Ich rede jetzt nicht davon, welche Entscheidungen getroffen werden müssen, oder daß eine ganze Liste abgearbeitet werden muß, was an möglichen Entscheidungen eingeleitet werden könnte – was bleibt außerdem, wenn Sie sich abends hinlegen und über diesen Tag nachdenken?

Regine Hildebrandt: Die stärksten Eindrücke sind immer die Menschen, denen man begegnete. Was überwiegt, ist das Bedrückende. Zum Beispiel die Probleme heute im Asylbewerberheim, die Atmosphäre, die Hilflosigkeit, die Tatsache, daß man nicht weiß, wie man an die Menschen 'rankommen soll. Ohne daß die wesentlichen Probleme der Ausländerproblematik überhaupt eine Rolle spielen, erlebt man, daß ja nicht mal die kleinsten Dinge, die einfachsten Sachverhalte geklärt werden können – wie soll es denn dann erst mit den großen Themen klappen! Ich finde, der Rechtsstaat muß sich endlich ermannen: Er muß sich so organisieren, daß die Fremden ohne Angst bei uns leben können. Ich kann mich ja noch erinnern an die Hamburger Hafenstraße, an Wackersdorf oder an die Startbahn West in Frankfurt, da wurden Tausende von Polizisten und Bundesgrenzschützer durch die ganze Republik gekarrt, da hat der Staat seine Muskeln gezeigt. Jetzt glänzt er oft durch Abwesenheit – als seien die Adressen der Ausländerwohnheime den Behörden absolut unbekannt. Ich finde, das muß anders werden. Aber Deutschland hat einen weitherzigen und einen engstirnigen Teil. Und ich bin davon überzeugt: Es gibt mehr anständige als unanständige Deutsche, mehr Leute, die sich wegen der jüngsten Übergriffe auf Asylbewerberheime schämen als solche, die darüber frohlocken. Und die müssen sich zusammentun. Runde Tische gegen Kneipentische! Die Mehrheit darf nicht länger schweigen. Nun hat sicherlich auch der Bundeskanzler gegenüber den ausländischen Mitbürgern Achtung und Toleranz gefordert. Am lautesten übrigens am Tag der deutschen Einheit. Er tat das freilich nach der Devise: Red' immer Treu und Üblichkeit. Passiert ist nichts an konkreter Politik, die dieses Problem lösen hilft. Da nützt es auch nichts, sich auf die besonderen Umstände herauszureden, in denen sich Deutschland seit seiner Wiedervereinigung befindet. Im Osten: daß die Saat des Fremdenhasses unter dem real existierenden Sozialismus mit seiner verordneten Völkerfreundschaft jetzt ausbricht; daß der Rechtsextremismus die unvermeidliche Reaktion auf die linke Herrschaft ist; daß unter denen, die nach der Wende keine Lebensperspektive für sich sehen, die Ablehnung der Fremden eine erklärliche Folge ist. Im Westen: daß wir mit 5 Millionen Ausländern die Grenze der Aufnahmefähigkeit erreicht hätten; daß wir mit 5 Milliarden Mark jährlich für Asylbewerber an der Grenze unserer finanziellen Leistungsfähigkeit angelangt sind; daß die herrschende Wohnungsnot uns verbietet, eine ausreichende Zahl von Gästezimmern bereitzustellen. Das sind alles Argumente, die man nicht vom Tisch wischen kann, wenn es um die Frage geht, wie viele Ausländer bei uns leben können, aber diese Argumente entschuldigen nie und nimmer die brutalen Übergriffe, wie wir sie in den letzten Monaten erlebt haben. Wir dürfen uns nicht abschotten von dem, was auf unserem Planeten geschieht. Deutschland ist doch immer die »große Völkermühle« gewesen. Carl Zuckmayer hat es in »Des Teufels General« wunderbar beschrieben: »Da war ein römischer Feldhauptmann, und dann kam ein griechischer Gewürzkaufmann, und dann kam ein griechischer Arzt dazu oder ein keltischer Legionär, ein Graubündner Landsknecht, ein schwedischer Reiter, ein Soldat Napoleons, ein desertierter Kosak, ein böhmischer Musikant. Und der Goethe, der kam aus demselben Topf, und der Beethoven und der Gutenberg und der Matthias Grünewald ... Die Besten der Welt! Und warum? Weil sich die besten vermischt haben.«

Sie sehen, um auf den heutigen Tag zurückzukommen: Das Positive muß ich mir manchmal geradezu gewaltsam in Erinnerung rufen, ich hab' momentan bloß ein Gedächtnis für die ungelösten Probleme; was läuft, hakt man leichter ab.

HANS-DIETER SCHÜTT: Sind Sie jemand, der Probleme mit sich herumträgt oder die Dinge zu verteilen weiß?

REGINE HILDEBRANDT: Oh, ich kann im Prinzip Arbeit sehr schön verteilen! Als Ministerin muß ich das, wobei ich allerdings gestehe, daß mir von meinem Wesen her diese Art, Probleme in andere Bereiche zu delegieren, nicht entspricht. Für mich ist es immer günstiger, wenn ich in der Lage bin, Dinge aktiv durch meine Mitwirkung in Gang zu setzen. Sachen immer wegzudelegieren führt leicht zur Verantwortungslosigkeit. Als ich noch in der Berliner Klosterstraße in der Zentralstelle für Diabetes arbeitete, war ich selber Betriebsratsvorsitzende. Da hab' ich mich doch nicht hingestellt und gesagt, nun kümmert euch mal – ich habe selber was angepackt. Das ist wesentlich. Wissen Sie, gerade in dieser schweren Situation im Osten, wo ich mir sage, man könnte so viel verbessern in Sachen Jugendarbeitslosigkeit, Ausländerhaß, Beschäftigungsgesellschaften – also ehrlich, ich möcht's am liebsten immer selber machen, das wäre viel schöner, als nur immer reden zu müssen. Ach, und reden hilft ja so wenig. Man kommt sich vor wie Sisyphos, der Stein rollt eben immer wieder runter. Eine meiner liebsten Beschäftigungen in meinem früheren Leben, wir werden ja vielleicht noch drauf zurückkommen, war immer die Beteiligung am Diabetiker-Kinderferienlager. Ich bin ein Gemeinschaftstyp, mir macht so was große Freude. In so einem Ferienlager waren wir etwa vier Wochen zusammen mit den Kindern, dazu noch diabetische Helfer und Schwestern und ein Arzt, auch ein Labor schleppten wir mit. Mußte ja sein, wegen unserer kleinen Patienten. Wir haben nicht nur die medizinische Betreuung der Kinder übernommen – sie mußten ja alle Insulin spritzen und die Selbstkontrolle beherrschen, mit der Krankheit umgehen lernen –, sondern es sollten auch richtige Ferien sein. Das war ideal, da konnte ich mich richtig ausleben! Nicht bloß, was die fachliche Betreuung und die Anleitung der Kinder anlangte, nein, ich hatte eben zum Beispiel meine Dunkelkammer mitgenommen. Es wurde fotografiert, und gleich am nächsten Tag hingen die Bilder auf der Wäscheleine. Alle guckten und bestellten. Tausende von Fotos, wirklich Tausende, habe ich auf diese Weise gemacht, über zehn Jahre hinweg jeden Sommer. Die von den Kindern bestellten Bilder sortierten wir und schickten sie ihnen zu. Damit sie eine Erinnerung besitzen. Als Biologin bestimmte ich Pflanzen mit den Kindern, wir beobachteten Tiere, hatten unsere großen Gläser, in denen Wasserschnecken gelaicht haben. Als Basteltante besorgte ich immer Kachelformen aus dem Westen, säckeweise wurde Gips vergossen, Kacheln haben wir hergestellt, die Kinder konnten sie bunt ausmalen, ich lackierte, das Ergebnis nahmen sie mit nach Hause, es sah aus wie eine Keramikkachel. Wir hatten immer einen Tagesplan, da wurden alle Abläufe raufgemalt, so zum Repetieren, damit man wußte, was schon alles gewesen ist, und was noch alles kommt, mit kleinen Männeken, die habe ich die Kinder selbst malen lassen. Ich hab' gesagt, haste nicht Lust, guck mal, ich geb' dir ein Zettelchen, da malste was drauf, und die Lütten haben es gemacht oder nicht, je nachdem, wie sie Lust hatten. Wenn einer nicht wollte – dann habe ich es eben allein gemacht. Wegen der Kinder lernte ich Gitarrespielen, bin Rettungsschwimmerin geworden und nahm ihnen die Schwimmstufe ab. So eine Atmosphäre finde ich schön. Und ich bin kein Mensch, der sagt: Man müßte! Ich sage: Los, komm mal, wir machen dies und das, ganz konkret und immer jetzt.

HANS-DIETER SCHÜTT: Sind Sie ein guter Leiter?

REGINE HILDEBRANDT: Bestimmt nicht. Auf der Leitungsebene, auf der ich mich über 20 Jahre lang bewegt habe – ich war stellvertretende Abteilungsleiterin, also Arbeitsgruppenleiterin – hatte ich ein Arbeitskollektiv bis zu 30 Leuten. Das ist so meine Welt, noch lieber sind mir so acht bis zehn. Da konnte man mit Überblick und persönlicher Motivation arbeiten, es gab menschliche Kontakte, wir hatten Zeit füreinander und haben im kleinen die Verhältnisse gestaltet, und zwar so, daß sich Leute wohlfühlen und deshalb gern über das normale Maß hinaus arbeiten. Das Klima mit zu formen, das ist meine Art von Leitungseinfluß. Die hat, glaube ich, gut geklappt. Wir waren viel außerhalb der Arbeit zusammen, hatten enge Kontakte auch zu den Familien. Es war einfach 'ne nette Atmosphäre. Jetzt habe ich zu solcher Form von Einflußnahme eben überhaupt keine Zeit mehr, nicht mal zum richtigen Kennenlernen der Leute.

HANS-DIETER SCHÜTT: Was ist denn eigentlich aus den Kinderferienlagern geworden, von denen Sie eben erzählt haben?

REGINE HILDEBRANDT: Das ist ja der Jammer! Auch diese Ferienlager gibt es heute nicht mehr. Die Patienten werden nicht mehr zentral, sondern von niedergelassenen Ärzten betreut. Das ist ja auch wieder so ein Fall: Hätte man das interdisziplinäre Betreuungssystem der DDR nicht mit den materiellen Möglichkeiten der Bundesrepublik koppeln können?

HANS-DIETER SCHÜTT: Damit sind wir ja beim entscheidenden Punkt Ihrer Kritik am Übergang des deutschen Ostens in den deutschen Westen ...

REGINE HILDEBRANDT: Wir hatten ja keine Infrastruktur von Trägerschaften, Vereinen oder ähnlichen Gruppierungen in den Kommunen, in den Städten, sondern das war im wesentlichen bei den Betrieben organisiert. Und deswegen ist der Zusammenbruch der Betriebe eben so fatal, weil damit nämlich nicht nur die Arbeit weg ist, sondern zugleich diese kulturelle und soziale Infrastruktur. Das vor allem ist so schwer klarzumachen und so schwer zu kompensieren. Ein Beispiel: Wenn ein Betrieb regional beherrschend war, nehmen wir mal Ludwigsfelde, Ifa-Werk, da gehörte dem Betrieb nicht nur die Produktionsstätte, sondern der Kindergarten, das Kulturhaus, die Sporthalle, der Altentreff. Wenn der Betrieb kaputtgeht, ist dies alles weg, alle Sozialeinrichtungen werden von der Treuhand verwaltet und von dem neuen Investor gekauft. Aus, Schluß. Nicht schlechthin ein Betrieb geht kaputt, eine kleine Welt stirbt.

HANS-DIETER SCHÜTT: In der »Frankfurter Allgemeinen Zeitung« stand kürzlich, in der DDR hätte eine »vorgetäuschte Sozialverträglichkeit« geherrscht, und mit den »Folgen selbstverschuldeter geringer Arbeitsproduktivität« müsse man leben lernen.

REGINE HILDEBRANDT: Was heißt: geringe Arbeitsproduktivität! Ist ja alles richtig, aber man sollte das nicht in unmittelbare Beziehung zu menschlichem Arbeitsvermögen bringen. Die Menschen hier waren fleißig, kreativ, und sie haben nach 1945 gearbeitet genau wie ihre Verwandten in den Altbundesländern, in der Bundesrepublik. Sie haben hier bloß das Wirtschaftswunder nicht gehabt, demzufolge erlebten sie also keinen Aufstieg. Sie hatten geringe Einkommen, von dem haben sie sich ein bißchen was gespart. Pfennig auf Pfennig legten sie von geringem Einkommen und den geringen Renten aufeinander, damit sie eine gewisse Unabhängigkeit im Alter haben, den Enkelkindern vielleicht mal 'ne Freude machen können, mal nicht auf die Kinder angewiesen sind, ihnen nicht zur Last fallen. Und in dieser Situation kam die Wirtschafts-, Währungs- und Sozialunion. Also das Leben praktisch halbiert, das lebenslang Ersparte, die Sicherung. Es muß sich doch elendig fühlen, wer so etwas politisch vertreten kann, reinen Herzens, meine ich.
Oder nehmen Sie nur die Heimsituation im Osten. Unsere Alten- und Altenpflegeheime sehen schlimm aus. Zehn Milliarden Mark wären nötig, um sie ans Westniveau anzupassen. Aber die betroffenen Menschen leben nun mal in der ehemaligen DDR: Viele sind im Alter von 70, 80 Jahren, sie arbeiteten sich durch die schwere Zeit, haben auch weit über die Rentenzeit hinaus ehrlich und unermüdlich geschuftet. Ein großer Prozentsatz der Rentner wollte sogar noch weiter arbeiten, erst die Arbeitslosig-

keit setzte vielen einen unfreiwilligen Schlußpunkt. Rentner bei uns haben immer wenig verdient, gerade die für die Rentenberechnung relevanten Zeiten waren durch sehr niedrige Verdienste gekennzeichnet. Große Sprünge konnte sich kein Durchschnittsrentner leisten. Aber die Betreffenden wußten, sie hatten ihre Mindestrente, das waren 330 Mark damals. Damit konnte man in diesem Subventionsstaat DDR leben, man konnte davon seinen Heimplatz bezahlen, man konnte sich mit diesem Geld auch zu Hause ernähren, weil die Dienstleistungen, die Nahrungsmittel eben gestützt waren, man konnte damit sein Mittagessen bezahlen bei der Volkssolidarität, das kostete 65 Pfennig, so etwa in der Größenordnung. Man konnte damit ins Kino gehen, »Freier Eintritt für Rentner«, jedenfalls bei bestimmten Nachmittagsvorstellungen. Natürlich möchte ich dazu sagen, wir brauchen uns nicht darüber zu unterhalten, ob das nun die richtige Lösung war. Die Bewegungsfreiheit der Alten blieb dennoch gering; mit dem Geld konnte man nur ganz schmalspurig durchs Leben kommen – aber man war unabhängig. Mit der Wirtschafts-, Währungs- und Sozialunion wurden die Sparvermögen umgetauscht, bei den Alten haben wir glücklicherweise noch 6 000 Mark festlegen können, 6 000 Mark also 1:1, der Rest 2:1. Mit anderen Worten: Die Lebensleistung wurde erstmal 2:1 abgewertet. Nun haben viele trotzdem noch ein paar tausend Mark auf dem Konto. Nehmen wir aber mal an, jemand muß ins Altenheim. Dort werden nicht mehr 120 Mark monatlich verlangt, sondern inzwischen, um die Kosten zu decken, 1 800 bis 2 500 Mark. An den Altenheimen selbst aber hat sich nicht viel verändert. Das kommt noch verschärfend hinzu. Verstehen Sie, jetzt ist der alte Mensch bei uns, der sein Leben lang sehr bescheiden gelebt und viel gearbeitet hat, mit seinem erarbeiteten Geld, seinem Alterspolster in einer ganz tragischen Situation. Wenn er 600 Mark Rente hat und 1 800 Mark im Heim bezahlt, muß er 1 200 Mark dazulegen. Und diese 1 200 Mark sind in vielen Fällen eben nicht 1 200 Mark, sondern eigentlich 2 400, weil sie ja schon einmal abgewertet sind. Und jetzt überlegen Sie sich mal: 2 400 Mark im Monat! Vielleicht hatte der Betreffende ein Durchschnittsgehalt von 400 Mark und eine Rente von 330. Na, was soll man dazu noch sagen!

Sie können nun einwenden, auch in den Altbundesländern sind immerhin 80 Prozent Sozialhilfeempfänger, denen geht's auch nicht besser. Richtig. Schlimm genug! Wenigstens ist es so, daß man sich drüben ein Leben lang auf Eventualitäten einstellen konnte, aber doch nicht hier bei uns. Wenn jetzt auch noch die Kinder in die Arbeitslosigkeit geraten, können die für die Alten nichts zuzahlen, also bleiben viele in ihren mickrigen Verhältnissen, ein Heim kann sich nicht jeder leisten. Wir haben in Brandenburg, nunmehr am Rande der Legalität, zum zweiten Mal eine Übergangsregelung geschaffen im Hinblick auf die Pflegeversicherung. Von ihr erhoffen wir uns, daß sie uns ein Zeitpolster bringt, um einen Ausweg, einen menschlichen Weg zu finden. Wir haben im ersten Halbjahr 1991 von unseren Heimbewohnern 370 Mark pro Platz genommen, im zweiten Halbjahr einen anders bemessenen Anteil, der Rentenhöhe entsprechend. Aber der nimmt nicht die gesamte Rente in Anspruch, es bleiben noch mehr als 120 Mark Taschengeld. Wir wollen nicht, daß die Menschen gleich ihr gesamtes Konto »runterfahren«, 4 500 Mark durften unangetastet bleiben. Aber durch die Verzögerungen auf den Amtswegen sind manche Senioren eben doch schon am Ende mit ihrem Konto und dem kleinen »Vermögen«. Es geht alles so entsetzlich holterdiepolter. Entscheidend ist doch eine bestimmte Form von Würde. Es geht darum, jenen bitteren Prozeß zu stoppen, daß nämlich diese Menschen in einem Maße, wie sie es nie für möglich hielten, die Verlierer der Vereinigung geworden sind. Wir haben uns als Landesregierung Mühe gegeben, den Dingen einen anderen Verlauf zu geben, es ist uns nicht gelungen. Was für mich das bewegendste ist: Wenn ich in ein Altersheim komme, ist es oftmals so, daß die Bewohner sagen, also machen Sie sich mal keine Gedanken, wir werden's schon irgendwie schaffen, wir sind ja immer mit bescheidenen Mitteln ausgekommen, wir werden's auch jetzt packen. Die Alten sagen so etwas! Das trifft einen tief ins Herz. Ich merke immer: Sie wollen bloß die Kinder nicht belasten, das ist ihnen in dieser schweren Zeit das wesentlichste. Die Situation betrübt mich besonders, weil ich denke, auch im Alter kann man ja vielleicht mal eine Dusche gebrauchen, und es darf nicht so sein, daß man alle 14 Tage in irgendeine verkratzte Badewanne 'reingehievt wird …

Hans-Dieter Schütt: Daß das Kapital nicht gerade fein im Umgang mit Menschen ist, wenn es in irgendeiner Weise Profit wittert, das ist ja aus der Geschichte hinreichend bekannt. Es müssen also entsprechende Mechanismen her, die für uns im Osten noch immer Neuland sind. Wenn ich Sie recht verstehe, muß man kämpfen, muß agil und aktiv sein, will man die Vorzüge dieser Gesellschaft genießen und von den Nachteilen nicht erschlagen werden. Was denken Sie in diesem Zusammenhang, wenn Sie den Begriff »Aufschwung Ost« hören?

Regine Hildebrandt: Alles fängt immer mit dem ewig gleichen Appell an die Ostbürger an: »Wer den Aufschwung will, muß anfangen!« Das hören wir nun schon eine unerträgliche Weile: »Nun spuckt doch mal in die Hände, nun krempelt doch mal die Ärmel hoch, nun mal ran, wie wir nach '45, und schon geht der Aufschwung los!« Es ist zum Verrücktwerden. Denn wie sieht die Situation aus bei uns in Brandenburg? Fast eine halbe Million Menschen keine oder zu wenig Arbeit. Und die wollen und sollen nun alle anpacken?! Was bleibt diesen Menschen im neuen System, wenn sie mit anpacken wollen? Man geht zum Arbeitsamt. Mehr ist zunächst nicht drin. Da brechen dort die Stufen ein, wenn sie alle kommen. Die Vermittler sagen schon, kommen Sie bloß nicht so häufig, denn 2000 Stellen haben wir nur zu vermitteln. 2000! Dazu ein paar tausend neue Eintritte in Arbeitsbeschaffungsmaßnahmen, nehmen wir ruhig noch das Instrument des Arbeitsförderungsgesetzes hinzu, also Arbeitsfortbildung und Umschulung. Da sind wir schon ziemlich stolz, denn der Aufwand, der dahintersteckt, ist enorm. Aber wenn man das nun zusammenzählt: Ein Tropfen auf den heißen Stein. Da ist es doch ein Hohn, wenn immer gesagt wird, nun packt mal endlich an, nun legt doch endlich los, nun macht doch endlich was. Es ist wirklich zum Verrücktwerden. Wenn ich nur an Luckenwalde denke, da ging die metallverarbeitende Industrie in die Knie wegen fehlender Aufträge. Ich weiß noch, ich war im ehemaligen Sozialgebäude, einem großen Versammlungssaal der Arbeiter, einem Ort ihres Gemeinschaftssinns, der war inzwischen verpachtet, man hatte die Kommunikation abgeschnitten, irgendeine Restfirma hatte sich eingenistet, und die auf

Kurzarbeit gesetzten Menschen saßen nun zu Hause, waren bereits völlig entsolidarisiert, weil sie einander überhaupt nicht mehr begegneten und jeder bloß zusah, daß er eventuell seinen Arbeitsplatz noch behalten konnte. Und deswegen wollte auch keiner aufmucken. Schon damals habe ich gesagt: Wenn keine Arbeitsplätze da sind, müssen wir hier eine Qualifizierungsgesellschaft gründen. Luckenwalde ist ja eine ländliche Region, südlich von Berlin, da ist sowieso nichts los, da muß man einfach helfen, auch was die landwirtschaftlichen Belange angeht. Also: Qualifizierungsgesellschaft organisieren, Arbeitsbeschaffungsmaßnahmen her! Ja, da waren die Leute skeptisch, aber sie wollten es sich noch mal überlegen, genau auf dem gleichen Stand waren sie ein halbes Jahr später immer noch. Und da komme ich nun dauernd wieder und fordere erneut auf: Nun macht es doch endlich! Inzwischen hatte die Bundesregierung nach quälendem Zögern sogar Finanzen locker gemacht, Herr Blüm redet jetzt über Arbeitsbeschaffungsmaßnahmen so, als ob er mein Zwillingsbruder wäre. Als wir während der de Maizière-Regierung zum ersten Besuch bei Blüm waren und Vorschläge gemacht haben zum Thema Dreckschleuder Espenhain (dort wurden schon Ende 1990 3000 Arbeitnehmer in die Arbeitslosigkeit geschickt), also: Kombination von Arbeitsbeschaffung und Qualifizierung, Ausbildung zu Schweißern, damit die Arbeiter gleichsam ihren eigenen Dreck abbauen und somit versuchen, Altlasten zu sanieren – da führte damals kein Weg hin. Das sei nicht systemkonform, das passe nicht. Mit einem Male aber war das Arbeitsförderungsgesetz für die Ostländer in einer Art und Weise erweitert worden, wie es vorher nie denkbar war, auch für die ehemalige BRD nicht. Der Bundeskanzler selbst machte seiner Wirtschaft hier und da schon mal Vorschriften, wie sie sich zu verhalten habe, so daß Ministerpräsident Stolpe schon scherzte, wir werden den noch zum Ehrenmitglied der SPD machen. Kohl geriet unter Druck, weil die normalerweise systemimmanenten Hemmnisse keine Wirkung mehr zeigten. Aber zurück nach Luckenwalde. Ich sage also immer wieder, warum rührt ihr euch nicht!? Aber der real existierende Nichtsozialismus hat eben auch seine Tücken. Natürlich sind die Arbeiter mit Qualifizierungsvorhaben zum Arbeitsamt gegangen, mit Vorschlägen, damit die Lehrlinge weiter ausgebildet werden können. Die Antwort war Achselzucken: Wir wissen ja noch gar nicht, wie die Wirtschaftsstruktur hier wird. Also abgelehnt. Die Arbeiter wollten mit der Kommune zusammen Arbeitsbeschaffungsmaßnahmen ins Leben rufen. Auch das wurde abgelehnt. Es ist noch immer die Crux: Die Menschen wollen arbeiten, sie suchen verzweifelt die Stellen, die ihnen dabei helfen. Aber es tut sich um sie herum oft nur Leere auf. Uninformiertheit – sie ist meistens das größte Hemmnis. Wer weiß denn vom Arbeitsförderungsgesetz überhaupt etwas in den neuen Ländern? Die Arbeitsämter versuchen verzweifelt, den Riesenschub an Arbeit zu erledigen. Oft kommt das Arbeitslosengeld noch immer mit großer Verspätung. Weil sie kein Geld haben, gehen die Menschen zum Sozialamt. Die sind aber auch noch nicht so geübt. Demzufolge kriegt man mit größter Schwierigkeit vielleicht gerade mal einen Überbrückungsgroschen. Viele Frauen, die ein Recht auf Altersübergangsgeld haben, mußten ein halbes Jahr auf den ersten Pfennig warten. Bankwege von sechs bis acht Wochen, Postwege wie im vorigen Jahrhundert – es ist nichts da, was uns in die Lage versetzen könnte, verwaltungsmäßig, organisationsmäßig, kenntnismäßig, beratungsmäßig diesen Prozeß des Neuaufbaus zu meistern. Und in dieser Situation komme ich nun wieder und jubele die Arbeiter an, ihr müßt jetzt aber, und ihr müßt trotzdem, und jetzt sind die Verhältnisse zum Glück anders, und nun fangt doch mal an. Es fehlt vor allem und logischerweise das nötige Selbstbewußtsein, sich durchzubeißen. Wir haben es eben mit einem System zu tun, das uns übergestülpt worden ist; es wird ja auch weitgehend vom Beitrittsgebiet gesprochen, und die Beigetretenen sind die in den Hintern Getretenen, sagen wir's doch mal so, wie es ist. Und wenn uns auf die Finger geklopft und gesagt wird, dies und das geht nicht in unserem System, müssen wir uns damit abfinden? Nein. Richard von Weizsäcker hat am Tag der Einheit, in den ich mit sehr gedämpften Gefühlen hineingegangen war, aus dem Brief einer Frau aus der DDR den Gedanken zitiert, sie wolle nichts sehnlicher, als ihr Regime loswerden. Aber daß damit zugleich fast alle Elemente des bisherigen Lebens von heute auf morgen durch etwas Neues, Unbekanntes ersetzt werden, übersteige wohl jedes menschliche Vermögen. Und ich dachte, wenn der Weizsäcker das begreift, dann werden die anderen das ja wohl auch bedenken, und er führte weiter aus: Um so wichtiger sei es, daß die Menschen in der ehemaligen DDR ihre errungene Freiheit nicht als neuen Notstand erleben. Genauso ist es. Ich erinnere mich an die dämliche Frage der »Frankfurter Allgemeinen Zeitung«, warum denn die im Osten Deutschlands schon wieder auf die Straße gingen, ob sie bereits genug von der Einheit hätten, für die sie im Herbst 1989 am gleichen Ort, nämlich auf der Straße, eingetreten seien. Als ob man gegen die Einheit wäre, gegen die neuen Perspektiven, gegen eine gemeinsame Zukunft! Die Menschen sind bloß gegen das, was de facto abläuft, und dagegen muß man auch sein. Und deswegen habe ich überhaupt kein Verständnis dafür, wenn selbst von seiten der Kirche die Montagsdemonstrationen abgelehnt werden, weil möglicherweise die politisch Verantwortlichen in Schwulitäten kommen. Ich sprach auf einer Montagsdemonstration in Cottbus. Ich war mir zunächst auch nicht sicher, habe dann meinen Ministerpräsidenten gefragt, und der sagte, na klar, da geh' mal hin. Denn wir müssen klarmachen, daß wir uns nicht zu Objekten von Entscheidungen machen lassen dürfen, die woanders gefallen sind. Davon muß man sich doch absetzen. Bei aller Geduld, über die wir verfügen. Und wir haben eine Menge Geduld! 40 Jahre »Sozialismus« haben wir hinter uns, den haben wir überstanden, und zwar mit unserer Geduld. Schauen Sie sich an, was mit dem abscheulichen Begriff der Abwicklung verbunden ist. Ich glaube, viele aus dem Westen wissen gar nicht, daß dort, wo »abgewickelt« wird, alle Mitarbeiter plötzlich ohne Arbeitsverhältnis sind, in die sogenannte Warteschleife von sechs Monaten kommen, diejenigen, die über 50 Jahre alt sind, kriegen in dieser Zeit noch 70 Prozent des vorherigen Bruttoeinkommens, und dann ist man im Aus. Kriegt nicht mal eine Kündigung. Hat also keine Möglichkeit des gerichtlichen Einspruchs. Die sollen sich mal den umgekehrten Fall vor Augen führen da drüben. Wenn der Sozialismus über die Bundesrepublik gekommen wäre, käme also im Falle der Abwicklung ein entsprechender Beauftragter des ZK, sagen wir nach Düsseldorf, würde sich mal angucken, was da so für Einrichtungen sind und würde fragen,

was machen Sie denn hier in der LVA, der Landesversicherungs-anstalt? Komplizierte Versicherungssysteme haben Sie, die brauchen wir nicht. Wir haben eine Sozialversicherung in der DDR, da geht alles in einen Topf rein, da braucht man keine Renten-, Kranken- oder schon gar nicht gegliederte Krankenversicherungen, das bildet alles eine Einheit und wird gleich von den Löhnen abgezogen. Also: Die LVA wird abgewickelt. Damit wären praktisch Hunderte von Menschen mit ihren Ansprüchen auf Altersversorgung, mit der bisherigen Sicherheit in ihrem Leben, nach sechs oder neun Monaten erledigt. Punkt. Oder das Landesarbeitsamt. Da käme der nächste vom ZK und würde sagen: Wir haben keine Arbeitslosen in der DDR, bei uns sind sie alle beschäftigt. Also werden sämtliche Leute, die ja ihr Leben lang in der Beamtenlaufbahn hochgestiegen sind, mir nichts, dir nichts abgewickelt. So ist das massenhaft passiert im Osten. Beispiel Kureinrichtungen. Die sind bei uns alle staatlich gewesen. So etwas gibt es jetzt nicht mehr. Also wurden die Leute nach Hause geschickt, mit der Alternative: Entweder ihr findet einen neuen Träger oder ihr bleibt daheim. Kinderkur- und Schwangerenkureinrichtungen: dasselbe Problem. Die Betroffenen sitzen da und denken, das darf doch nicht wahr sein. Oder die Akademie für ärztliche Fortbildung, mittleres medizinisches Personal, das alles gibt es drüben nicht unter staatlicher Trägerschaft, also: Abwicklung. Aber es sind doch Einrichtungen, die im Prinzip sinnvoll sind! So, nun haben wir versucht, innerhalb von Tagen und Wochen neue Träger zu finden. Natürlich kann man sich bei den desolaten Kureinrichtungen in der DDR vorstellen, daß da zunächst kein Mensch kommt. Da können Sie noch soviel reden, jeder hält sein Geld fest. Ich habe an die Wohlfahrtsverbände geschrieben in der Bundesrepublik. Denken Sie etwa, da hätte auch nur ein einziger die Bereitschaft gezeigt, jetzt mal ad hoc einen Kindergarten zu übernehmen? Da sind die Eigentumsverhältnisse nicht geklärt und dort die Perspektive nicht, und die Finanzierung ist offen, und, und, und. Unter gegenwärtigen Bedingungen macht man es eben nicht. Fazit: Politisches Selbstbewußtsein geht auf Null zu, man ist zum Schluß der dumme Ossi, weil man nicht Bescheid weiß im neuen System.
Bei Demonstrationen vor dem Brandenburger Landtag in Pots-

dam habe ich Leute weinen sehen. Das ist eine Situation, da reduziert sich Politik auf die Bitte: Leute, hängt euch nicht auf! Einige Fakten, Schicksale und Zahlen, die ich in meiner Arbeit erfahre, zeigen mir ganz drastisch, wie sehr das soziale Gleichgewicht im Land und bei den einzelnen Menschen gestört ist. Die Selbstmorde haben um etwa ein Zehnfaches zugenommen, wobei unterstellt werden darf, daß hier überwiegend soziale Motive eine Rolle spielen. Wir haben auch bei den Geburten einen Rückgang um etwa ein Drittel, was zur Folge hat, daß bei uns gegenwärtig die Geburten-Sterbe-Rate 1:2 beträgt. Allerdings ist inzwischen die Scheidungsrate deutlich zurückgegangen, was aber sicherlich nicht damit zu tun hat, daß sich die Ehepartner besser verstehen, sondern eher damit, daß sie unter den gegenwärtigen sozialen Bedingungen materiell stärker voneinander abhängig sind. Das trifft besonders wieder die Schwächsten: junge und alte Menschen, Kranke und Pflegebedürftige, Behinderte, Arbeitslose und auch Ausländer, die zum Teil schon viele Jahre bei uns leben. An alle muß gedacht werden, und für alle muß etwas getan werden. Wir haben Verhältnisse wie in Kriegszeiten! Wenn in der »Frankfurter Allgemeinen Zeitung« zu lesen ist, politische Scharfmacher beschimpfen den Kanzler, geht mir der Hut hoch. Bei uns braucht doch keiner die Angst erst zu schüren. Die ist doch schon da. Und wer auf die soziale Situation im Lande verweist, ist kein politischer Scharfmacher, sondern ein Realist. Früher war klar, das Leben lief nach einem reglementierten System ab, wie das im Sozialismus üblich war, alles auf niedrigem Niveau, aber alles sicher. Die Lehr- und Studienplätze waren garantiert (ob es nun der Platz war, den einer haben wollte, ist eine andere Sache, mancher wollte Medizin studieren und ist hinterher Gärtner geworden). Aber keiner mußte zu Hause bleiben. Daß die Leute aus der DDR heute an ihren Arbeitsplätzen nach fünf Stunden erschöpft sind, weil ja früher nach dieser Zeit kein Material mehr da war – das ist einer der schlimmsten Witze über die Menschen im Osten. Denken Sie an die Integration der vielen DDR-Aussiedler, die in die BRD gegangen sind, denen es gelungen ist, sich einzuleben – die können doch vernünftig arbeiten. Daß überall ein paar drunter sind, die nicht klarkommen, das ist die eine Sache, aber die andere ist, daß die Mehrheit auch meiner Freunde und Bekannten in der alten Bundesrepublik gut und fleißig lebt. Und die brauchen auch keinen Befehl von oben. Wir Ossis haben nämlich einen eigenen Kopf!

HANS-DIETER SCHÜTT: Sie waren Sozialministerin in der letzten DDR-Regierung unter Lothar de Maizière, heute sind Sie Sozialministerin im brandenburgischen Kabinett Manfred Stolpes. Was bedeutet Ihnen Politik als Gewinn, und wo sehen Sie einen Verlust an Lebensqualität? Könnten Sie auch das an einigen Beispielen deutlich machen?

REGINE HILDEBRANDT: In die Politik zu gehen, das war Einsicht in die Notwendigkeit. Die Personaldecke war zu dünn. Also haben wir uns immer gegenseitig ermuntert, doch mitzumachen, und dann die vielen Wahlen und die vielen Stellen, die wir besetzen mußten – es war im Prinzip nicht zu schaffen. Soviel vorerst zum Start in die Politik. Inzwischen ist es für mich fast eine fixe Idee geworden, daß wir hier im Osten doch Gerechtigkeit durchsetzen und die Verhältnisse für uns erträglich gestalten können. Ich bin der Meinung, wenn noch mehr Leute sich noch viel, viel mehr Mühe geben würden, dann lief's besser mit der Einheit, die sich so viele gewünscht haben. Es geht doch um ganz einfache Dinge. Nehmen Sie die Kriegerwitwenrenten und die Kriegsversehrtenrenten. Dafür gibt es nach bundesdeutschem Recht Anträge und entsprechende Bearbeitungsfristen, die einiges an Zeit und Nerven und Aufwand fordern. Wenn man nun sieht, daß in den neuen Bundesländern -zigtausend Anträge gestellt werden, die Versorgungsämter aber erst im Aufbau begriffen sind, dann darf man die Dinge nicht so laufen lassen, wie sie nun mal im Westen gewöhnlich laufen. Deshalb habe ich mit Hilfe von Ost- und Westexperten drum gebeten, daß wir ein vereinfachtes Verfahren durchsetzen müssen. Ich meine, so schwer ist es ja nicht festzustellen, ob eine Frau Witwe geworden ist im Krieg. Sie hat ja Unterlagen dazu. Natürlich müßte man eigentlich noch vieles andere nachprüfen, ehe man sicher sein kann, daß alles seine Ordnung hat. Aber wir können uns diese Art deutscher Gründlichkeit momentan nicht leisten. Es darf doch nicht so sein, daß uns die Leute wegsterben. Oder nehmen Sie als anderes Beispiel die Kindergärten, das sage ich, weil ich gerade in einem Kindergarten in Finsterwalde war. Seit Anfang 1991 wollten wir die Umgestaltung, die finanzielle Sicherung und den Erhalt der Kindergärten, so wie wir es uns vorstellen, im Land Brandenburg umsetzen. Obwohl wir über unser Kindergartenkonzept seit Monaten informierten, Pressekonferenzen machten und einen entsprechenden Brief an jeden unserer 1 800 Bürgermeister geschrieben hatten, mußte ich in Finsterwalde feststellen, daß die Unwissenheit und Unsicherheit hierzu immer noch sehr groß sind. Es kommt einfach nichts an der richtigen Stelle an. Deshalb ist es für mich sehr wichtig, dort vor Ort zu sein und festzustellen, daß noch mehr informiert werden muß, auch wenn wir das Gefühl haben, wir hätten uns schon die Hakken abgelaufen. Wir müssen so lange die Informationen vermitteln, bis sie angekommen sind und nicht nur so lange, bis wir selbst sie nicht mehr hören mögen. Noch ein Beispiel: Wir haben einen offenen Brief erhalten von einem Bürgermeister einer kleinen Gemeinde im Landkreis Potsdam. Dieser Brief war sehr polemisch abgefaßt, aber ich habe dennoch neulich die Gelegenheit zu einem Besuch genutzt. Dabei setzten wir uns gründlich auseinander, und ich konnte ihm manches überhaupt erstmals nahebringen, was er nicht wußte, aber eigentlich hätte wissen müssen. Die Folge war, daß dieser Bürgermeister bei einer Konferenz seiner Kollegen aus seinem Landkreis dann meinen Standpunkt sehr engagiert vertreten hat, so daß dieser eine kurze Besuch natürlich eine ganz enorme Multiplikatorwirkung hatte. Ähnlich war es kürzlich bei einer Regionalkonferenz, bei der es um den Erhalt der Kindergärten ging. Dort konnte ich den Kindergärtnerinnen und Elternvertretern genau sagen, was hierbei getan werden muß und welche Verpflichtungen die Gemeinden haben. Die Folge war, daß ich hinterher beispielsweise einen Dankesbrief mit sehr schönen Kinderzeichnungen bekam, weil meine Hinweise zum Erfolg geführt hatten.

Nun noch zu Ihrer Frage zu den Einbußen. Das ist kurz zu machen. Die sind erheblich. Verstehen Sie, es ist eine totale Veränderung des Lebensstils, wir haben vorhin bereits darüber geredet, als meine Familie ins Gespräch kam. All das, was ich über

40 Jahre hochhielt, die Familie, den Freundeskreis, die Nische, die Hobbies, das Singen in der Berliner Domkantorei – dafür habe ich keine Zeit mehr. Aber ich will auch nicht jammern. Ende der Antwort.

Hans-Dieter Schütt: Wenn Sie aufgefordert würden, die Landschaft Ihrer Kindheit zu beschreiben, sowohl im geographischen als auch umfassenden Sinne, was würde Ihnen da einfallen?

Regine Hildebrandt: Also, im geographischen Sinne fällt mir natürlich vorwiegend Großstadt ein, weil ich in der Bernauer Straße, im Zentrum der Berliner Innenstadt, großgeworden bin. Wir wohnten in einer Parterrewohnung, also sehr erd- und straßenverbunden. Ich hab' mich im Kiez wohlgefühlt, obwohl das eine schäbige Gegend war und wir unter jämmerlichen Bedingungen lebten. Aber trotzdem fällt mir nur Positives ein. Es war alles sehr eng, aber gemütlich, alles und alle waren immer dichte beieinander, man hatte intensiven Kontakt zur Straße, zu den Freundinnen, später dann zur Kirche, die zwei Häuser weiter stand. Man lebte in einer echten Gemeinschaft von Familie, Nachbarn, Verwandten, Freunden. Es war in diesem Sinne ein behütetes Leben. Rausgefahren sind wir auch sehr viel. Meine Eltern waren sehr unternehmungslustig, sie wanderten und gingen gern baden. Unsere Einzugsgebiete waren Grünau, Schmöckwitz, später kauften wir einen Garten, ein Grundstück in »Neu-Venedig«. Naja, und die Jugendjahre: Das war eine Zeit im Faltboot auf den Berliner Gewässern, das waren Radtouren mit Freunden und Bekannten, da kam die Naturdimension noch viel, viel stärker dazu. Ich erinnere mich auch noch an die ersten Jahre nach 1945, wir hatten einen Schrebergarten im Humboldthain. Da standen zwei gesprengte Bunker, und auf dem Terrain wurden kleine Parzellen angelegt, für die Tomatenzucht. Meine Mutter ist im Bunker hochgeklettert, sie hat aus dem Stahlbeton mit unzureichendem Werkzeug Eisenstiele rausgesägt – mein Vater war schon schwerbeschädigt, er hatte sich den Oberschenkelhals gebrochen – und mit den Eisenstielen haben wir unseren Garten umzäunen können. Naja, typische Nachkriegsverhältnisse. Wir waren ja im Krieg aufs Land evakuiert worden, mein Vater tingelte als Pianist und Wehrmachtsunterhalter durch Europa. Als der Krieg zu Ende ging, waren wir über Thüringen in die 1944 zerbombte Gegend der Bernauer Straße heimgekommen. Von unserem Haus war nichts mehr übrig. Wir zogen in ein anderes Haus, inzwischen war mein Vater aus amerikanischer Kriegsgefangenschaft zurückgekehrt. Ich erinnere mich auch noch an ein Kleid, das mir meine Tante aus dem Stoff eines Plättbretts genäht hatte, und zu Ostern setzten uns die Verwandten einen lebenden Osterhasen vor die Wohnung, mit Schleife dran.

HANS-DIETER SCHÜTT: Ihre Eltern sind Berliner?

REGINE HILDEBRANDT: Mein Vater ist geborener Berliner, meine Mutter ist Hamburgerin, aber seit ihrem 20. Lebensjahr wohnte auch sie in Berlin.

HANS-DIETER SCHÜTT: Wie sind Sie in die DDR hineingewachsen? Von Beginn an mit oppositioneller Grundhaltung?

REGINE HILDEBRANDT: Gleich mit Opposition ging das los! Da ich in der Bernauer Straße wohnte, ging ich in die Schule, die meinem Wohnort am nächsten war und in die schon mein Vater gegangen ist. Erst war die Bernauer nur eine Verwaltungsgrenze zwischen zwei Stadtbezirken, Mitte und Wedding, später zwischen französischem und sowjetischem Sektor, dann eine »Staatsgrenze«. In so einer Gegend liegt einem der Irrsinn dieser ganzen Deutschlandproblematik praktisch täglich vor Augen. Die Schule, in die ich also ging, befand sich auf der anderen Straßenseite. Ich ging demnach die ersten fünfeinhalb Jahre im Westen zur Schule. Bis die Anweisung von der Ostregierung kam und dies als unzulässig erklärt wurde. In der Klasse und zu den Lehrern bestanden sehr gute Kontakte; ich wurde mitten aus dem Schuljahr herausgerissen. In Ost und West hatten die Schuljahre zudem versetzt begonnen, im Osten ging's im September, im Westen im Frühjahr los. Also mußte ich aus der 6. Klasse 'raus, wurde in die Ostberliner Bergstraße umgeschult. Im ersten Diktat tauchte schon das Wort Zentralkomitee auf, das hatte ich noch nie in meinem Leben gehört. Ein relativ großer Teil der Schüler war Mitglied bei den Pionieren, damit hatte ich ja nun überhaupt noch nichts zu tun. Es wurde Russisch gelernt, ich hatte keine Ahnung. Die Folgen: Skepsis und Frust. Was einen ja immer tröstet, sind die Lebensgruppierungen, die Gemeinschaften – ich fand nette Schulfreunde und hatte nette Erlebnisse. Russisch habe ich relativ schnell nachgeholt, bloß in die Pionierorganisation bin ich nicht gegangen, das habe ich stur durchgehalten. Ich hatte stets sehr gute Leistungen und schaffte deswegen auch die Umstellung ohne große Komplikationen. Schwieriger wurde es mit der Zulassung zur Oberschule, da war so eine wie ich nicht geplant, da mußten meine Eltern doch ziemlich doll nachhelfen. Mit der 8. Klasse hatte man eine Prüfung für die Oberschule zu absolvieren, die bestand ich mit Auszeichnung. Das paßte der Schulleitung absolut nicht. Der Druck meiner Eltern war aber erfolgreich, ich kam in eine Abiturklasse, an die Max-Planck-Oberschule. Da wurde es freilich schon komplizierter mit der Politik.

HANS-DIETER SCHÜTT: Wie erlebten Sie den 17. Juni 1953?

REGINE HILDEBRANDT: Entsetzlich. So 'was beeindruckt einen ja mächtig. Die Bernauer Straße, wie gesagt, war Grenzstraße. Die Straße selbst lag im Westen, erst mit der Häuserfront begann der Osten. Wenn ich aus dem Fenster guckte, war ich mit dem Kopf im Westen, mit dem Hintern noch im Osten. Demzufolge war es für uns auch ohne weiteres möglich, beispielsweise auf der anderen Straßenseite den »Tagesspiegel« zu abonnieren, im Ost-Abonnement, oder sich bei »Leiser« Schuhe zu kaufen. Und mit den neuen Botten ungeschoren wieder nach Hause zu gehen – während alle anderen, die da nicht wohnten, an der Grenze kontrolliert wurden. Und die mußten dann meistens ihre Sachen verstecken. So war die Situation. Demzufolge herrschte am 17. Juni bei uns in der Bernauer Ruhe. Wir waren ja »Westen«. Aber in sämtlichen Grenzstraßen, also Querstraßen zur Bernauer Straße, Ackerstraße, Strelitzer Straße, Brunnenstraße – die waren voll Unruhe. In diesen Straßen standen auf östlicher Seite Zollkontrollhäuschen. Die Zollbeamten haben die Ostberliner, die möglicherweise drüben was eingekauft hatten und nun hofften, damit ungeschoren nach Hause zu kommen, mächtig schikaniert. Die Leute mußten alles auspacken, es wurde ihnen viel weggenommen, und deswegen staute sich bei der Bevölkerung ein enormer Zorn gegenüber den Zoll-Leuten und den Polizisten an. Zum 17. Juni hin bahnte sich an der Grenze eine richtige Hexenjagd an, die Zollhäuschen wurden in Brand gesteckt, die jungen Männer vom Zoll und der Kasernierten Volkspolizei, wie es damals hieß, wurden verprügelt. Ich habe gesehen, wie die West-Polizei mit Motorrad und Beiwagen die Straße lang fuhr und Ost-Polizisten in die Beiwagen holte, sie in Schutz nahm, um sie vor der Volksempörung zu bewahren. 17. Juni – da denke ich auch an meine Tante Greta, die Schwägerin meines Vaters. Sie wohnte gleich um die Ecke und kam oft vorbei, denn einmal in der Woche wurde bei uns Karten gespielt, und zwar ewig lang, bis mein Vater aufstand und begann, Schuhe zu putzen. Da wußten alle, jetzt ist Schluß. Gespielt wurde Schafskopf. Tante Greta brachte auch immer ein Stück Schokolade mit, sie war zudem sehr unternehmungslustig. Also holte sie mich in jenen Tagen ab, wir gingen die Bernauer Straße hoch und sahen uns in den Querstraßen an, was los war. In den Osten traute ich mich ja gar nicht 'rein. Es deutete sich schon an, daß ich eben am Tag danach nicht mehr zur Schule gehen könnte. Die Grenze in unserer Straße wurde gesperrt. Da gab's dann bloß noch einen offenen Grenzübergang in der Brunnenstraße, also mußte ich jeden Tag etwa einen halben Kilometer in die falsche Richtung laufen, die Grenze passieren und durch den Osten zurück zur Schule gehen. Dort herrschte helle Aufregung und von unserer Seite aus natürlich Opposition, als wir hörten, was uns die Lehrer in bezug auf den 17. Juni zu vermitteln suchten.

HANS-DIETER SCHÜTT: Haben Sie denn auf Dauer mit dem grundlegenden Gefühl gelebt, im eigenen Land fremd zu sein, in dieser DDR, die nicht die Ihre war, eigentlich nicht in einer Heimat zu leben?

REGINE HILDEBRANDT: Da muß man unterscheiden zwischen dem Leben vor 1961 und danach. Vor 1961 lebten wir nach wie vor in der Bernauer Straße und praktisch sowohl im Westen als auch im Osten. Wir hatten Bewegungsfreiheit; ich habe es Ihnen eben erklärt. Im Zoologischen Institut der Humboldt-Universität, in der Invalidenstraße, studierte ich Biologie, also unmittelbar am Grenzübergang. Ich war Grenzgänger, wir sind sehr viel ins Kino gefahren, zum Bahnhof Zoo; es gab ein reges Hin und Her. Im Osten spürten wir den Druck, die innere Aversion gegen das System, aber im Westen existierte auch nicht das, was wir uns vorgestellt hatten, da blühte das Wirtschaftswunder, es war eine bunte, aber eben auch kalte Welt. Nie kam für mich der Gedanke auf, in den Westen zu gehen, um dort das Glück zu versuchen. Irgendwie war da von vornherein so eine Bodenständigkeit, daß man sagte, selbst wenn du also bloß auf der anderen Straßenseite wohnst, hier gehörst du hin. Durch die Schule und durch das Studium entwickelte sich ein Kreis von Leuten mit erheblichem Zusammengehörigkeitsgefühl. Und wir hätten wahrlich bis 1961 bei jeder Gelegenheit abhauen können; das wäre gar kein Abhauen gewesen, sondern lediglich ein Umzug. In der Bernauer Straße bestellten Nachbarn von uns den Möbelwagen, der fuhr vor, die Möbel wurden runtergetragen, und dann sind die Leute in die westliche Wohnung gezogen. Basta. Zu uns konnte ja die Polizei gar nicht direkt ran, also so einfach über die Straße, die mußte erst über die Hinterhöfe und durch irgendwelche Not-Türen, da war meist alles längst zu spät. Das Schärfste ist übrigens, das erzähle ich immer gern, daß wir richtige Kuhställe mitten in der Stadt hatten! Bei uns in der Bernauer, oben kurz vor der Strelitzer Straße, stand so ein Kuhstall. Die Bauern fuhren mit dem Pferdewagen durch die Gegend und riefen »Kartoffelschalen, Kartoffelschalen!« Wir kamen mit unseren Kartoffelschalen raus und kriegten dafür immer ein bißchen Brennholz. So ernährten die Leute ihre Viecher mit unseren Kartoffelschalen, und außerdem konnten wir auch frische Milch von ihnen kaufen. Das erzähle ich, weil es nun besonders originell war, daß der gesamte Kuhstall abgehauen ist, mit Kuh und Schwein und letztem Karnickel und auch dem gesamten Mobiliar. Die Leute hatten nämlich die kleine Tür, die in der Brandmauer existierte, und durch die die Polizei von hinten kommen konnte, vorsorglich zugemauert. Dann haben sie ihren Umzug organisiert, Leute bestellt, Vieh raus, Sachen raus, und ehe die Polizei das mitkriegte und dann an der verschlossenen Tür stand, war alles erledigt, und die ganze Bernauer Straße lachte und freute sich.

Hans-Dieter Schütt: Sind Sie auch deshalb nicht in den Westen gegangen, weil Sie nie an so etwas wie eine Mauer dachten?

Regine Hildebrandt: Das kommt noch hinzu. Eine Mauer hätte ich nie für möglich gehalten. Am 13. August 1961 befand ich mich gerade mit Kommilitonen auf einer Radtour in Dresden, und wir hörten, da wird eine Mauer gebaut. Sofort fuhr ich nach Berlin, am 14. August hat nämlich ein Patenkind von mir in Westberlin Geburtstag. Da wollte ich gern hin. Keiner konnte am 14. mehr 'rüber, bloß wir aus der Bernauer durften mit unserem Ausweis, in dem drinstand »Bernauer Straße«, die Grenze passieren. Wir mußten ja irgendwie nach Hause kommen, die Polizei konnte uns ja nicht mit 'nem Hubschrauber absetzen. Demzufolge passierte ich ungeschoren noch am 14. August die Grenze, war zum Geburtstag bei meinem Patenkind, und mein Vater, der immer sehr witzig war, verabschiedete sich von dem Mädel, das an diesem Tag ein Jahr alt wurde, mit den Worten: Na, da werden wir uns wohl das nächste Mal erst zur Einsegnung wiedersehen! Wir haben das für einen Scherz gehalten – ich war noch nicht mal zu ihrer Einsegnung in Westberlin. Aber damals nahm ich die Mauer nicht ernst. Ich bin, nachdem ich mit meinem Mann (damals waren wir befreundet) die Gegend aus Neugier abgelaufen war, wir uns verständigt hatten, so eine Mauer sei ein Ding der Unmöglichkeit und ein Provisorium, wieder getrost zurück zu meinen Freunden nach Dresden gefahren.

An diesem 13. August übrigens trafen sich die Gemeindemitglieder in der Versöhnungskirche zum letzten gemeinsamen Gottesdienst. Am 20. August durften nur die Westmitglieder teilnehmen, der Eingang der Kirche lag zum französischen Sektor hin. Eine Woche später kamen nur die Leute aus dem Osten, die Kampftruppen hatten den Westeingang zugemauert.

Meine Eltern erlebten in jener Zeit ihren eigenen Zwangsumzug: Wir wohnten ja Parterre, eines Tages wurden als erstes die

Türen zugemauert, auch die Wohnungstür, dann die Fenster, und in so einer Wohnung kann man ja schlecht wohnen. Von der Bernauer Straße 2 sind wir in die Bernauer Straße 8 gebracht worden, diesmal in den 1. Stock, wo sich gerade vor uns welche abgeseilt hatten in den Westen. Das war ein Ding! Unten waren ebenfalls schon Türen und Fenster zugemauert. Wenn nun Verwandtschaft und Freunde aus dem Westen kamen, unterhielten wir uns aus dem 1. Stock heraus. Ich habe alles geknipst, wie die auf der Straße stehen und zu uns hochschauen. Und dann wurde natürlich mit 'ner Strippe noch ein bißchen Kaffee und Schokolade oder ein wenig Literatur hochgenuddelt. Später seilte sich mein Bruder mit seiner Frau ab, im wahrsten Sinne des Wortes, aus dem 1. Stock sind sie noch schnell rüber, während es für mich, wie gesagt, nie in Frage kam. Aber ich weiß noch, daß auch eine junge Frau versuchte, in den Westen zu gelangen, in ein von der Feuerwehr aufgespanntes Sprungtuch. Sie sprang in den französischen Sektor, hatte sich aber zu stark abgedrückt und stürzte zu Tode.

Bald darauf erfolgte unsere nächste Zwangsaussiedlung, bei Nacht und Nebel, früh halb sechs, mit Kampfgruppen. Es ist wirklich ein erhebendes Gefühl, wenn die kommen, man liegt im Bett, wird unsanft geweckt, und inmitten lauter Kampfgruppenleute muß man sich anziehen, die Klamotten zusammenpacken, in irgendwelche Kisten, auf LKW's steigen, und man weiß gar nicht, wohin man gebracht wird. Wir erhielten neue Ausweise, da stand drin »Kleine Alexanderstraße«. Na, die kannte ich bestens, ich hatte dort eine Studentenbude, das war nun wirklich das Letzte! Meine Mutter, die sonst ein ganz ruhiger Typ ist, veranstaltete ein Theater über die asozialen Verhältnisse in dieser Straße, in die man uns verfrachten wollte, daß die doch tatsächlich die Ausweise noch mal einsammelten und für uns eine andere Wohnung rausgesucht haben. Und zwar eine, deren Bewohner gerade abgehauen waren: in der Neuen Schönhauser Straße.

Weil wir über Opposition redeten: Mein ungezügeltes Mundwerk hätte übrigens beinahe zur Exmatrikulation geführt. Es gab Verfahren hin und her, aber ich bin glücklich davongekommen. Ein Arbeitseinsatz in Rhin-Havel-Luch war die Disziplinierungsmaßnahme gegen mich, Lehmschippen im Sommer. Naja, und so richteten wir uns ein, eingemauert wie wir waren. Nach wie vor bestand Kontakt zu Westberliner Freunden, aber man konnte weder von West- nach Ostberlin noch umgekehrt telefonieren – nur aus der Zone heraus nach Westberlin, das ging. Wenn wir also mit dem Chor unterwegs waren, verbrachten wir die freie Zeit nächtelang in Gaststätten und haben dort Gespräche angemeldet nach Westberlin, um uns mit unseren Freunden zu unterhalten.

HANS-DIETER SCHÜTT: Sie haben damals »Zone« gesagt, nicht DDR?

REGINE HILDEBRANDT: Zone! Das gehörte dazu, schon aus Opposition. Solange die Stalinallee Stalinallee hieß, haben wir sie Frankfurter Allee genannt, aber als sie nicht mehr Stalinallee hieß, da haben wir dann Stalinallee gesagt.

HANS-DIETER SCHÜTT: Die politische Abneigung gegenüber der DDR hat aber niemals, um zu meiner Frage zurückzukommen, zu einem durchgängigen Gefühl der Fremdheit oder der Isolation geführt?

REGINE HILDEBRANDT: Was heißt hier Fremdheit? Was macht denn jemanden zum Frenden? Einsamkeit, Alleinsein. Wir waren nicht einsam, und keiner von uns war allein.

HANS-DIETER SCHÜTT: Hat sich denn in der politischen Opposition der Gedanke festgesetzt, das System könne oder müsse abgeschafft werden? Oder konnten Sie sich auch mit der Grundidee von Sozialismus identifizieren und von daher eine mögliche, wünschenswerte Reformierbarkeit des Sozialismus ableiten?

REGINE HILDEBRANDT: Die Grundidee des Sozialismus bejahe ich, aber das hatte wenig mit dem Staat DDR zu tun. Ich habe ja erzählt, daß ich im Prinzip die ersten fünf Jahre im Westen zur Schule gegangen bin, da hatten sie hier keinen Einfluß auf mein Denken und Fühlen, ich war in keinem Kindergarten, meine Mutter war zu Hause. Aber durch Familie und Freunde, durch ein Leben in christlicher Nächstenliebe prägte sich auch mein Ideal von sozialer Gerechtigkeit und Humanismus aus. Das ist eine Grundeinstellung, aber diese Grundeinstellung fand ich nie in einem kommunistischen Staat ausreichend plausibel repräsentiert, mit anderen Worten: Alles, was ich an kommunistischen Bestrebungen erfuhr, erlebte, mit ansehen mußte, war mir zutiefst suspekt. Ich wußte doch einiges über die stalinistische Ära, wir redeten doch über den Hitler-Stalin-Pakt und die furchtbaren Sachen, die in der Sowjetunion passiert waren. Während des Studiums der Biologie kriegten wir doch die wissenschaftliche Scharlatanerie gerade in diesem Fach in der Sowjetunion mit. Ich las früh solche Bücher wie Wolfgang Leonhards »Die Revolution entläßt ihre Kinder«, war beizeiten desillusioniert, mir ist mit dem Untergang der DDR nichts zusammengebrochen an Idealen. Ich kann für mich nur sagen, als hier im Osten der Sozialismus aufgebaut wurde, konnte man, wenn man nur genau hingeschaut hat, schon sehen, daß das gar kein Sozialismus war.

HANS-DIETER SCHÜTT: Was war denn für Sie in diesem Staat, der ja nicht anzuzweifelnde soziale Leistungen erbrachte, so unsozialistisch?

REGINE HILDEBRANDT: Daß Recht und Gerechtigkeit zu Machtmitteln der herrschenden Klasse degradiert wurden. Daß Moral den Interessen des Klassenkampfes geopfert wurde. An die Stelle demokratischer Legitimation durch Wahlen trat eine Legitimation durch die »historische Mission der Arbeiterklasse«; das aber ist doch nichts anderes gewesen als eine Legitimation »von oben«, denn kein Mensch durfte an diesem Legitimationstyp rütteln, ja nicht mal zweifeln. Damit möglicher Zweifel im Keime erstickt werden konnte, war eine, wie Richard Schröder in der »ZEIT« schrieb, »zentrale Überzeugungsverwaltung« nötig, die die durchgängige Gängelei zur normalen staatlichen Umgangsform erhob.

HANS-DIETER SCHÜTT: Aber am Anfang hatte doch eine akzeptable, zu bisheriger deutscher Geschichte alternative Idee gestanden …

REGINE HILDEBRANDT: Also wissen Sie, gute Absichten allein entschuldigen nichts. Und es geht, wie man aus den eben angedeute-
ten »theoretischen« Grundlagen sieht, nicht nur um die verkehrte
Anwendung einer richtigen Theorie, nein, schon die Theorie war
in ihren Hauptzügen nicht gerade menschenfreundlich.

HANS-DIETER SCHÜTT: Wuchs angesichts der scheinbaren Stabilität des Systems bei Ihnen die Gewißheit, daß Sie auf Dauer von
einem direkten politischen Leben ausgeschlossen sein würden?

REGINE HILDEBRANDT: Ja. Und das hätten wir auch bis zum Ende
durchgehalten. Wir beteiligten uns an nichts, was offizielle Politik
war. Ich ging zu keiner Wahl, außer 1968 zur Volksabstimmung,
als es um die neue Verfassung ging. Mein Mann und ich sind nie in
irgendeine Partei eingetreten. Es ist ja lachhaft, wenn ich jetzt von
einigen höre, in der CDU oder den anderen Blockparteien hätte es
Möglichkeiten gegeben, in DDR-Zeiten politisch freizügiger zu
denken. Die alte Ost-CDU will ja inzwischen eine Oppositionspar-
tei gewesen sein – mit Gerald Götting an der Spitze! So wie wir
am 13. August 1961 dachten, die Mauer hielte keine Nacht, so
wußten wir später, sie hat ihre Ewigkeit. Es gehörte ja nicht viel
Scharfsinn dazu, sich vorzustellen, was in der DDR passieren
würde, wenn die Mauer plötzlich nicht mehr da wäre. Wir haben
es ja im Herbst 1989 erlebt. Auf die Ewigkeit mit der Mauer hatte
auch ich mich also eingestellt, und wir richteten uns das Leben so
ein, daß man als Familie ohne Illusion, aber mit ziviler Courage
und innerem Frieden in jeden Tag gehen konnte. Es war ein erfülltes Leben, aber ich sage noch einmal: Das ändert nichts an der
Absurdität eines Staatsgefüges, in dem soziale Sicherheit um den
Preis der Freiheit, der Wahrhaftigkeit, der Würde vieler Menschen erreicht wurde. Ständig sollten die Leute dankbar sein; nur
wer sich wohl verhielt, bekam keinen Ärger. Und die Deformation
zeigt sich meines Erachtens in der Duldsamkeit, mit der dieser
Staat so lange ertragen wurde. Noch einmal Richard Schröder:
»Die Schwierigkeiten mancher ehemaliger DDR-Bürger mit den
Plagen der Mündigkeit sind zum Teil auch Entzugserscheinungen
des entmündigenden Versorgungsstaates«.
Wirklich, ich glaube, daß die Geschichte der DDR auch eine

lange Geschichte des schleichenden Terrors gewesen ist. Es wirkt durchaus, wenn man Menschen nur lange genug in Angst hält. Gustav Just, bei uns in der SPD-Fraktion, sollte unter den fadenscheinigsten Gründen als Zeuge auftreten, und er fand sich auf einmal im Knast wieder. Jeder einzelne, dem es so erging, wirkt abschreckend auf tausend andere. Eines Tages ist die Angst dann so allgegenwärtig (und keiner merkt sie mehr), daß viele Menschen sich von selbst ducken. Da sind wir Deutschen immer groß gewesen: im Durchorganisieren der allgegenwärtigen Bespitzelung.

Hans-Dieter Schütt: Wenn man mit Leuten wie Ihnen zusammenkommt, drängt sich ein Gedanke auf: Mit Ihrer Art, anderen Menschen Mut zu geben, sie im Leben zu bestätigen, ihnen Rückhalt auch in moralischer Hinsicht zu verleihen – wirkten Sie da nicht in der DDR unter Ihren Arbeitskolleginnen und -kollegen systemstabilisierend?

Regine Hildebrandt: Man ist ja schon dadurch systemstabilisierend gewesen, daß man ordentlich und fleißig gearbeitet hat. Der Forschungsplan beispielsweise, den wir als Gruppe bei »Berlin-Chemie« aufstellten, war im Betrieb ohne Konkurrenz. Wir entwickelten ein Weiterbildungskonzept für das mittlere medizinische Personal. Frauen, die neben der eigentlichen Tätigkeit promovieren wollten, wurden unterstützt im Rahmen eines Frauenförderungsplanes. Wir gründeten eine mineralogische Arbeitsgemeinschaft. Mit den 1500 Mark, die wir dafür vom Betrieb bekamen, organisierten wir Bus-Ausflüge zu Fundstellen mineralogisch wertvoller Steine. Mit Kind und Kegel haben wir gegraben, die Eltern suchten nach Steinen, dann wurde gewandert und abends gegrillt. Davon schwärmen die Kinder heute noch. Und die Arbeitsgemeinschaft hat die Steine dann zu den Betriebsfestspielen ausgestellt, die Kristalltrennsteine und die Poliermaschinen hatte der Betrieb bezahlt und besorgt. Also in dieser Hinsicht waren wir wirklich ein vorbildliches Kollektiv, und ich wurde sogar noch als »Bester Gruppenleiter 1975 im 3. Quartal« ausgezeichnet. Daß also letztendlich den Dingen des Lebens eine große Inkonsequenz innewohnt, das weiß ich sehr wohl. Das betrifft nicht nur die berufliche Arbeit, sondern selbst das Engagement im Kirchenchor, im kulturellen Leben. Natürlich hat man mit der eigenen Lebensqualität, wenn Sie so wollen, das Staatswesen bereichert, allein schon dadurch, daß ich in der Schule mitarbeitete, bei der Organisation von Veranstaltungen oder Zirkeln, daß ich etwas für die Kinder im Kindergarten oder in der Schule tat. Das trug ja sogar dazu bei, daß Leute eben nicht ausgereist, sondern hiergeblieben sind – nicht wegen der DDR, sondern wegen der Menschen in ihrer unmittelbaren Umgebung. Objektiv, das stimmt schon, bestätigte jeder, der hier blieb, diesen Staat. Ach, sagen wir es mal so: Unsereins hat dem alten System einen oppositionellen Opportunismus abgerungen.

HANS-DIETER SCHÜTT: Den Gedanken des absoluten Ausstiegs aus dem Staatswesen DDR, den Sie für sich selbst abweisen – gab es den bei irgend jemandem in Ihrer Familie?

REGINE HILDEBRANDT: Mein Mann hat vier Geschwister, sie sind alle hier verheiratet, seine Eltern sind hier, meine Eltern waren hier, unsere gesamte Familie lebte zusammen. Ich halte das für ganz wesentlich bei der Entscheidungsfindung, daß man darauf achtet, die Alten nicht zurückzulassen. Zudem: Wir waren in direktem Sinne nie existentiell bedroht. Auch wenn die Probleme nicht gering waren: Die Schwestern meines Mannes wurden als Pfarrerstöchter nicht zum Studium zugelassen. Eine der Schwestern hätte Pharmazie-Ingenieurin werden können, wenn sie in den FDGB eingetreten wäre. Sie tat das nicht und blieb Apothekerin. Mein Mann selbst hat in Westberlin sein Studium der Publizistik begonnen, arbeitete nebenher beim Sender Freies Berlin; mit einem nicht abgeschlossenen Studium und einem Abitur aus Westberlin versuchte er, nach dem Mauerbau im Osten weiterzumachen. Hier wurde ihm das Studium verwehrt, wegen des Abiturs, er hatte kein Russisch und kein »Gewi«. Bei seinem Bemühen, doch einen Abschluß zu kriegen, wurde ihm gesagt, er müsse einen Facharbeiter haben, vom Betrieb aus könne er delegiert werden. Also hat er auch das gemacht; kaum fertig, wurden die Bedingungen für ein Studium wieder geändert. So ist er im Prinzip hier gestartet, indem er aus dem Nichts etwas machen mußte. Er war dann stellvertretender Cheflektor der Evangelischen Verlagsanstalt Berlin, hat sich wirklich abgestrampelt – aber es hat ihm immer Spaß gemacht. Er wurde später stellvertretender Intendant vom DDR-Hörfunk, da ging, unter Mühlfenzl, das Theater mit Entlassungen wieder los, verstehen Sie? Das heißt, mein Mann wurde wegen Unbotmäßigkeit gefeuert. Aber so ist das Leben. Wir sind Ärger gewöhnt. Und wir sind vor allem gewöhnt, ihn auszuhalten. Nur eines wäre für mich ein Grund gewesen, die DDR zu verlassen: unmittelbare spürbare Bedrohung durch die Staatssicherheit. Aber so bedrohlich war die Situation für uns nicht, vielleicht auch, weil wir zwar in Gruppierungen mitgewirkt haben, aber wenn wir oppositionelle Sachen starteten, taten wir das stets als Ehepaar. Das halte ich für ganz wesentlich. Wir sagten unsere Meinung, egal, ob es sich um Biermann handelte oder um den Einmarsch in Prag, wir äußerten uns schriftlich, protestierten beim »Neuen Deutschland« und bei zuständigen Stellen in den Ministerien. Selten erhielten wir eine Antwort, man kannte uns schon. Wir durften durchaus artikulieren, daß das hier im Osten nicht alles nur so eine rosa-rote Brühe war, wie immer behauptet wurde. Und die Staatssicherheit ist nicht darauf eingestiegen, indem sie uns etwa psychisch oder physisch belastete oder belästigte. Ich will damit bloß sagen, es darf nicht der Eindruck entstehen, wir seien die großen Märtyrer, die sich geschworen hätten, eisern durchzuhalten. Wenn es für uns bedrohlich geworden wäre, wären natürlich auch wir gegangen. Was wir in unserem Leben versucht haben, war loyale Opposition, die es ermöglichte, trotz allem immer auch ein Stückchen praktische Verantwortung im kleinen zu übernehmen.

HANS-DIETER SCHÜTT: Haben Ihre Kinder durch die Erziehung im Elternhaus Schwierigkeiten gehabt? Wenn Kinder in einem Elternhaus wie Ihrem aufwachsen, muß das doch zu Konfrontationen in einer Umgebung führen, in der andere Kinder ganz anders erzogen werden?

REGINE HILDEBRANDT: Nein, glücklicherweise gab es diese Schwierigkeiten nicht. Wir hatten als Familie, wenn ich so sagen darf, zwei Aktionsfelder gesellschaftlicher Art. Das war einmal die Schule und zum anderen die Kirche. Die Kinder sind bei uns in der Nähe in den evangelischen Kindergarten in der Sophien-gemeinde gegangen, wo mein Schwager Pfarrer war, später sind sie dort auch im Hort gewesen. Was die Schule betrifft: Unsere Kinder waren nicht bei den Pionieren und auch nicht in der FDJ, dafür gingen sie eben in die Gemeinde, zur Christenlehre. Sie haben keine Jugendweihe gehabt, sondern Konfirmation, und vor allem nahmen sie nicht am Wehrkundeunterricht teil. Es kam uns zugute, daß unsere älteste Tochter, die Frauke, an sich ein sehr selbstbewußter Typ ist.

Wenn eines unserer Kinder darunter gelitten hätte, am Rand zu stehen, in der Klasse hintenan gesetzt zu sein, weil nicht Pionier, dann hätten wir selbstverständlich nicht mit Brachialgewalt dar-auf bestanden, auf keinem Fall in diese Organisation zu gehen. Kinder sind ja kein Spielball für die politischen Absichten der Eltern, verstehen Sie mal. Wir wollten den Kindern nicht scha-den, und wenn wir bemerkt hätten, sie sind von der Persönlich-keitsstruktur nicht in der Lage, das zu verkraften, was wir ihnen vorlebten, dann hätte ich gesagt, in Gottes Namen, geht zu den Pionieren, macht da mit. Aber, wie gesagt, das war nicht nötig. Die Große sagte »Nö«, wenn die Klasse auf den Schießplatz zog. Der Lehrer meinte, nun gut, Frauke, du schießt nicht, aber alle anderen schießen. Da war der Fall erledigt, die anderen haben alle geschossen. Demzufolge war in der Schule sehr schnell deutlich geworden, daß wir nicht lange lavierten, sondern klipp und klar unsere Linie verfolgten. Dadurch hatte dann auch mein Sohn keine Schwierigkeiten mehr, und die Kleine sowieso nicht. Die wußten, auch so, wieder jemand von Hildebrandts, naja, da brauchen wir's erst gar nicht mit Agitation zu versuchen. Die Lehrer sagten von Anfang an, kannst morgen eine Viertelstunde später kommen, morgen schießen wir. Und verstehen Sie, dann kommt noch hinzu, daß der Sohn ein relativ verspielter Typ war, ich wollte ihn ein Jahr später einschulen, das klappte aber nicht, und so hat er unter der politischen Sonderstellung, kein Pionier zu sein, gar nicht so sehr gelitten – weil er gar nicht durchgese-hen hat. Und seine Kumpels auch nicht. Wenn sie fragten, warum bist du denn nicht bei den Pionieren, dann hieß es, seine

Mami ist auch nicht bei den Pionieren gewesen, damit war der Fall erledigt. In der 4. Klasse sollte er sogar Gruppenratsvorsitzender werden, sehr spät haben die mitgekriegt, daß er gar nicht gewählt werden konnte.

HANS-DIETER SCHÜTT: Wenn der schulische Einfluß größer gewesen wäre, hätten Sie Ihre Kinder also auch nicht gezwungen, in die Kirche zu gehen?

REGINE HILDEBRANDT: Nein.

HANS-DIETER SCHÜTT: Wäre das für Sie schmerzhaft gewesen?

REGINE HILDEBRANDT: Natürlich, es ist doch so, daß man sich wünscht, die Kinder mögen in die Fußstapfen der Eltern treten. Zum Beispiel: Große Teile unserer Familie sangen im Chor der Berliner Domkantorei mit. Normalerweise ist das ein Erwachsenen-, kein Kinderchor, aber es gab so eine ungeschriebene Regel, wenn es begabte Kinder im Familien- oder Bekanntenkreis gab, dann durften sie mitsingen. Und so ist auch unsere Große mit 11 Jahren in den Chor gekommen, hat mitgesungen, und die beiden anderen Kinder später ebenfalls. Das machen sie heute noch, und es macht allen großen Spaß. Da freut man sich doch als Eltern, daß sich so eine Form der Gemeinsamkeit ergeben hat. Wissen Sie, das wesentliche ist für mich dieses natürliche Zusammengehörigkeitsgefühl, also nicht, daß man irgend etwas konstruiert so nach dem Prinzip, jetzt hat die Tante wieder Geburtstag, da müssen alle Mann hin und dann mal schön lächeln, wenn die Haustür aufgeht – nein, das gibt es bei uns nicht. Wenn meinem Mann und mir diese Gemeinsamkeit nicht gelungen wäre, wäre das freilich schmerzlich gewesen, aber ich meine, damit muß man leben. Man muß akzeptieren, daß die Kinder unter Umständen anders geartet sind, ihre Interessen anderswo liegen. Ich hätte schrecklich gern gehabt, daß die Kinder in größerem Maße naturwissenschaftlich interessiert sind und wir noch viel mehr die Möglichkeit nutzen, Wissenschaft spielend zu lernen. Das wollten sie nun nicht, naja, dann eben nicht. Werden sie eben anders glücklich.

HANS-DIETER SCHÜTT: Da sind wir ja erneut bei den Pflanzen vom Anfang unseres Gesprächs.

REGINE HILDEBRANDT: Ja, und die Kinder amüsieren sich immer, wenn ich auf Spaziergängen wieder anfange zu dozieren, was hier für Pflanzen sind und was für Pflanzen dort stehen. Oder nehmen Sie die Hausmusik. Die Kinder haben alle Instrumente gelernt, aber lange nicht so, wie ich mir das vorgestellt hatte. Da sie alle sehr musikalisch waren, wäre es demzufolge selbstverständlich gewesen, daß sie zu einem Abschluß an die Musikschule kommen. Das haben aber alle drei nicht geschafft. Haben nicht genug gelernt, nicht genug geübt. Peng! Wir machen dennoch herrlich Hausmusik, freilich auf einem relativ bescheidenem Niveau. Aber mir wäre schon lieber gewesen, wir hätten da ein bißchen mehr auf die Beine stellen können. War eben nicht, naja, nun helf sich einer … Die Hauptsache ist, daß ihnen Hausmusik Spaß macht. Manches kommt eben so, wie man es sich wünscht, und manches kommt eben nicht so; da hilft mir mein Mann immer sehr, der mich bremst und sagt, ich hätt' einen Familientick und vorgeformte Vorstellungen, wie alles laufen muß. Meistens ärgert er mich schon vorher ein bißchen, damit meine Enttäuschungen über die Realität in dieser Hinsicht nicht so groß werden.

HANS-DIETER SCHÜTT: Matthias Claudius hat einmal gesagt, laßt uns von den Kindern lernen. Was haben Sie von Ihren Kindern gelernt?

REGINE HILDEBRANDT: Eine erheblich größere Toleranz und die Tatsache, vieles zu schlucken, was man normalerweise als Zumutung empfunden hätte. Bei uns herscht nämlich ein äußerst lockerer Ton in der Familie, und das ist sicher auch richtig.

HANS-DIETER SCHÜTT: Und Ihr Mann? Was, glauben Sie, hat er von den Kindern gelernt?

REGINE HILDEBRANDT: Darüber habe ich mir ja nun überhaupt noch nie Gedanken gemacht. So ein ausgeglichener, ruhiger

Typ, der ohnehin schon mit großer Toleranz begabt ist! Meinem Mann ist oft vieles zu laut, aber da mußte er sich dran gewöhnen. Er sitzt sehr gern am Schreibtisch und macht dort seine Arbeit, will in Ruhe gelassen werden. Vielleicht hat er gelernt, daß es Schicksal jedes Erwachsenen ist, relativ viel von Kindern gestört zu werden. Aber damit muß er eben fertig werden. Denn warum stören Kinder? Weil die uns Erwachsene zum Glück nicht so ernst nehmen, wie wir das selber gern möchten.

HANS-DIETER SCHÜTT: Sie wohnen in einem alten Mietshaus in der Rosa-Luxemburg-Straße. Wohnt hier die gesamte Familie Hildebrandt?

REGINE HILDEBRANDT: Wir wohnen hier seit 25 Jahren, erst in einer kleineren, dann in der größeren Wohnung. Wie üblich in der DDR, haben wir diese Wohnung über Wohnungstausch bekommen. Meine Eltern und meine Schwiegereltern wohnten beide in Berlin, aber zunächst nicht bei uns. Dann wohnt da noch meine Schwägerin hier im Haus, in der 4. Etage, verheiratet, 2 Kinder, also wir Hildebrandts sind hier wirklich alle auf einem Haufen.

HANS-DIETER SCHÜTT: Wohnt in dem Haus überhaupt noch jemand, der nicht …

REGINE HILDEBRANDT: Ja doch, es ist ja ein relativ großes Haus. Wir Hildebrandts haben noch nicht die Mehrheit.

HANS-DIETER SCHÜTT: Frau Dr. Hildebrandt, Sie sind Pazifistin. Sind Sie dies aus Erziehung, aus theoretischer Überlegung heraus oder aufgrund der Konfrontation mit dem, was sich in Ihrem unmittelbaren DDR-Umfeld vollzogen hat? Wie sind Sie zum Pazifismus gekommen?

REGINE HILDEBRANDT: Ausgehend von der christlichen Religion, ausgehend von meinem mir anerzogenen Sozialempfinden, ausgehend von der Geschichte, wie ich sie ja nun mal mitgemacht habe: Ich bin '41 geboren, erlebte vier Jahre Krieg. Meine Mutter hatte ein ausgeprägtes Gerechtigkeitsempfinden. Das hing sicher mit den Assoziationen zusammen, die sie aus dem Krieg mitgeschleppt hat. Sicher spielen da auch die Erinnerungen meines Mannes an das brennende Königsberg eine Rolle. Wir waren aus Berlin evakuiert worden. Meine Mutter hat nicht gearbeitet, Frauen und Kinder sollten möglichst aus der Großstadt raus und wir landeten im Warthegau; ich war praktisch die längste Zeit auf dem Lande, von 1943 bis 1945, bis zur Flucht von da »unten«. Wir sind auch ausgebombt worden in der Bernauer Straße, in die wir dann hinterher wieder eingezogen sind. Die Angst vor Krieg, das Empfinden, daß Krieg das schlimmste, wirklich das schlimmste ist, was einem passieren kann – das ist bei mir ganz tief drin. Unmittelbar politisch sind wir zum Pazifismus, wie zu so vielen Dingen, aus Opposition zu diesem Staat DDR gekommen. Es war schrecklich zu erleben, wie im sogenannten Friedensstaat DDR durch die Hintertür, auf unehrliche Weise, sehr früh schon militärische Strukturen wieder eingeführt wurden, über die Kasernierte Volkspolizei und die Kampfgruppen, schließlich über die Volksarmee. Ich erinnere mich noch an diese Feilscherei mit dem Ministerium, das nach Strausberg kam, weil die NVA laut Potsdamer Abkommen nicht in die Stadt Berlin reindurfte. Die Berliner, die aufgrund des Viermächtestatus theoretisch überhaupt nicht für die Volksarmee hätten gezogen werden dürfen, wurden dennoch zum Wehrdienst geholt. Das waren makabre Verfahrensweisen, die mich abgestoßen haben. Oder das Postulat, daß kein Kind je wieder Kriegsspielzeug in die Hand bekommen solle. Aber was geschah? Man sah die einfache Puppe nicht mehr vor lauter ferngelenkten Panzern und dem ganzen Mist. In den Kindergärten bauten die Kleinen mit an Schießplätzen. Mein Schwager, der auch Pfarrer ist, nahm seine Kinder aus dem Dorfkindergarten heraus, weil es ihm nicht gelang zu verhindern, daß seine Kinder solche Schießplätze mit bauen müssen. Im Kindergarten! Die Erzieherin hat gesagt, das gehöre dazu. Das fand ich empörend. Und diese blöden Lieder: Soldaten sind vorbeimarschiert, im gleichen Schritt und Tritt ... Gute Freunde bei der Volksarmee, sie schützen unsere Heimat zu Land, zu Luft und auf der See – juchhe! So in dem Stil.

Hans-Dieter Schütt: Sie kennen ja diese Lieder ganz gut.

Regine Hildebrandt: Ja, so etwas kenne ich sehr genau. Mußte ich mit den Kindern auswendig lernen. Im Mathebuch wurden die Rechenaufgaben an Soldaten abgehandelt, an Modellen aus dem militärischen Bereich. Das war mir auf Dauer in der Seele zuwider.

Oder die Sache mit den Bausoldaten. Mein Mann war Kriegsdienstverweigerer zu einer Zeit, als es das offiziell noch nicht gab. 1964 wurden glücklicherweise die Bausoldaten eingeführt, er gehörte zum ersten Durchgang, der auf diese Weise eingezogen wurde. Übrigens gemeinsam mit Rainer Eppelmann. Da ist mein Mann also hin, wir waren noch nicht verheiratet, und dann hat er den Befehl verweigert. Im gesamten Ostblock gab's sowas nicht, nur in der DDR. Viele Freundschaften entstanden damals, wir sind beispielsweise die Paten von Kindern anderer ehemaliger Bausoldaten, haben noch jetzt engen Kontakt zu diesen gestandenen, aufrechten, mutigen Menschen. Was sie taten, ist aller Ehren wert. Denn das Verweigern des Wehrdienstes war verbunden mit persönlichen Konsequenzen. Dieser erste Durchgang war von besonderer Gewichtung für die gesamte pazifistische Bewegung; er schuf Präzedenzfälle. Solange die Bausoldaten noch in zivilen Bereichen tätig waren, etwa die Reichsbahngleise im Winter freischippten, war alles in bester Ordnung. Aber sehr bald kam die Stunde der Wahrheit. Es wurde befohlen, einen Schießplatz zu bauen, es galt zwar, produktiv zu arbeiten – aber eben fürs Militär. In diesem Moment verweigerte sich mein Mann und ging dafür in den Knast. Er hatte Glück, daß er nach diesem halben Jahr Haft wegen Befehlsverweigerung – die Zeit mußte er nachdienen – nicht wieder den Auftrag bekam, an militärischen Dingen mitzuwirken, sondern im zivilen Bereich, in der Versorgung, mitarbeiten durfte. Nur deshalb kam er relativ unbeschadet durch die Armeezeit. Aber von da an war klar, daß sich derjenige, der sich zu den Bausoldaten meldete, bewußt sein mußte, daß er unter Umständen in wirklich sehr produktiver Weise für die Volksarmee, für die militärischen Pläne der DDR tätig sein würde. Das alles sind Gründe gewesen, pazifistisches Gedankengut noch konsequenter zur Grundlage und zum Motiv für die Ablehnung des SED-Systems heranzuziehen.

HANS-DIETER SCHÜTT: Wie war das damals, als Sie die Ankündigung erhielten, Ihr Mann müsse ins Gefängnis?

REGINE HILDEBRANDT: Naja, was heißt: Ankündigung, er müsse ins Gefängnis. Das ging holterdiepolter. Kaum hatte er den Befehl verweigert, war er auch schon im Knast in Rostock. Da wußten wir zunächst erst einmal gar nichts. Die Benachrichtigung kam an mich – da wir damals »bloß« befreundet waren, also ich eigentlich gar nicht die offizielle Adresse war – über die Brüder meines Mannes, mit denen er zusammenwohnte. Die geheimen Nachrichten, die aus dem Strafvollzug kamen, waren nicht sehr vertrauenerweckend, insofern lebten wir in einiger Angst. Mein Mann sagt im nachhinein, bei der Armee, was die juristischen Rechte der einzelnen Angeklagten anlangte, sei es redlich zugegangen. Es hieß, sie hätten eben erst einmal, wie es bei der Armee Pflicht sei, die unzumutbaren Befehle erfüllen müssen, und hinterher hätten sie sich beschweren können. Eid oder Gelöbnis hat er rigoros verweigert. Jörg war ziemlich lange in Untersuchungshaft in Rostock – unter Bedingungen, die katastrophal waren: enorme Überbelegung der Zellen und wenig Möglichkeiten, etwas Sinnvolles zu tun, außer Schach spielen.

HANS-DIETER SCHÜTT: Sie haben nun politische Macht. Könnten Sie sich jemals vorstellen, daß dann, wenn politische Macht ins Wanken gerät, Lösungen mit Mitteln der Gewalt herbeizuführen wären? Könnten Sie sich überhaupt Gewalt als politisches Mittel vorstellen – zumal bei einer Idee, die durchsetzenswert ist?

REGINE HILDEBRANDT: Das kann ich mir vorstellen, aber jeder Mensch, der Verantwortung hat, muß unter allen Umständen verhindern, daß eine solche Situation je eintritt. Ich weiß um die Hilflosigkeit dieser Antwort; anderes kann ich im Moment dazu nicht sagen, ich möchte jedenfalls nie eine solche angesprochene Entscheidung treffen müssen.

Hans-Dieter Schütt: Welche Haltung haben Sie in diesem Zusammenhang zur Blauhelm-Diskussion?

Regine Hildebrandt: Ich bin der Meinung, daß solche Beteiligungen an UNO-Einsätzen sinnvoll sind. Es wäre ein Sichdrücken vor Verantwortung, wenn man sich in solchen Fällen raushielte.

Hans-Dieter Schütt: Aber nun nehmen Sie folgendes an: Sie sind eine Mutter, und Ihr Sohn verweigert aus pazifistischen Motiven heraus den militärischen Befehl.

Regine Hildebrandt: Da steht Gesetz gegen Herz. Es war mir früher schon eine furchtbare Vorstellung, daß auch mein Sohn zur Armee müßte. Er wollte sowieso zu den Bausoldaten, hat die Einberufung beziehungsweise die erste Registrierung noch unter DDR-Verhältnissen erlebt. Am 9. November, dem Tag der Maueröffnung, ist er 18 Jahre alt geworden. Er war schon vor seinem Geburtstag zur NVA-Behörde bestellt worden und mußte seinen Wunsch, Bausoldat zu werden, begründen. Die Argumente sind akzeptiert worden, und für mich ist es ein wunderbares Gefühl, daß er jetzt, genau seit dem 1. September 1991, als Zivildienstleistender ein Krankenwagenfahrer hier in Berlin ist. Alles, was mit militärischer Organisation und Struktur sowie dem damit verbundenen menschlichen Niveau zusammenhängt, ist so furchtbar, daß ich jetzt extrem glücklich bin, was meinen Sohn betrifft. Im Falle kriegerischer Auseinandersetzungen ist die Konstellation Mutter–Sohn die menschlich erschütterndste und schwierigste. Die Verweigerung einer Mutter, den Sohn freiwillig herauszugeben, ist eine der schlimmsten Entscheidungssituationen, die einem Menschen zugemutet wird. Ich bin glücklich, daß mir so eine Situation erspart blieb. Freilich möchte ich trotz unserer pazifistischen Grundeinstellung nicht verhehlen, daß es in der Welt leider noch immer Konflikte gibt, zu deren Lösung militärische Präsenz notwendig ist.

Hans-Dieter Schütt: Haben Sie eigentlich mit Ihrer pazifistischen Grundhaltung im früheren Betrieb Schwierigkeiten gehabt?

REGINE HILDEBRANDT: Nein. Da hatten wir auf anderen Gebieten mehr Schwierigkeiten. Wir haben in unserem Betrieb mit der Volksarmee nie etwas am Hut gehabt. Wir mußten an keinem offiziellen Feiertag demonstrieren, wir mußten uns nirgends exponieren. Und Kampfgruppe oder so etwas wäre mir nie in den Sinn gekommen. Damit hat mich auch nie ein Mensch behelligt.

HANS-DIETER SCHÜTT: Sie erwähnten Briefe, die Sie an staatliche Stellen schrieben, auch an Ministerin Margot Honecker. Gab es irgendwelche Reaktionen auf Ihre Schreiben?

REGINE HILDEBRANDT: Nein. Aber nach wie vor vertrete ich diese Position: Wenn man sich in der DDR zu einer bestimmten Sache mit Nachdruck bekannte, und zwar immer wieder und konsequent, dann gab's auf der einen Seite die Variante, daß man von der Stasi weggefangen und reglementiert wurde in einer Art und Weise, die kaum erträglich war. Aber im Berliner Raum war es andererseits auch so, daß besonders Leute, die aus dem kirchlichen Bereich kamen, in Ruhe gelassen wurden. Die Behörden kalkulierten schon nach dem Prinzip, ach, da äußern sich Hildebrandts, Müllers, Schröders mal wieder.

HANS-DIETER SCHÜTT: Auf genau diese Weise haben Sie es ja offensichtlich auch durchgekriegt, daß Ihre Kinder nicht am Wehrkundeunterricht teilnehmen mußten?

REGINE HILDEBRANDT: Das pazifistische Gedankengut war uns so in Fleisch und Blut übergegangen, daß wir, als wir hörten, Wehrkundeunterricht solle eingeführt werden (da waren unsere Kinder noch gar nicht soweit), uns sofort gedacht haben: Hier müssen wir protestieren. Und das haben wir nicht in irgendeiner Weise konspirativ getan, sondern wieder offen als Ehepaar Hildebrandt. Also schrieben wir an Frau Honecker und teilten ihr mit, daß wir im Sinne wirklicher Friedenserziehung den Wehrkundeunterricht für absolut unförderlich hielten und daß wir uns, wenn unsere Kinder soweit seien, diesem Wehrkundeunterricht entziehen werden. Darauf erfolgte überhaupt keine Reaktion. Der Kontakt zu diesem Volksbildungsministerium war eine Katastrophe. Sie konnten im Prinzip mit allen im Staat reden, auch die Kirche konnte als Institution mit allen reden, bloß zur Volksbildung führte kein Weg. Als es nun soweit war, daß unsere Kinder diesen Wehrkundeunterricht hätten mitmachen müssen, da haben wir in der Schule Bescheid gesagt, daß das für uns nicht in Frage kommt, zeigten auch dieses Schreiben an Frau Honecker vor und verwiesen darauf, daß diese Haltung in der Tradition unserer familiären Denkungsart verwurzelt sei und daß wir also nicht bereit wären, einen Kompromiß zu machen. Wir haben unsere Position durchgesetzt, obwohl es an sich gesetzwidrig war, es bestand ja Schulpflicht und demzufolge auch die Pflicht, die Kinder zum Wehrkundeunterricht zu schikken. Nicht zu den militärischen Lagern, da konnten sie sich immer noch ein bißchen drücken, aber der Wehrkundeunterricht war obligatorisch. Aber wir haben die Erfahrung gemacht, wie so oft in unserem Leben: Wenn man weiß, was man will, und dieses auch deutlich sagt, wenn man dazu steht und bereit ist, die Konsequenzen zu tragen, dann schafft man einiges! Wir haben das nicht nur in der Volksbildung durchgehalten, sondern auch bei meinem Sohn in der Lehre, wo der Wehrkundeunterricht beziehungsweise die gesamte Wehrerziehung sogar Teil des Lehrvertrages war. Auch dort schafften wir es, daß er das nicht mitmachen mußte.

Hans-Dieter Schütt: Halten Sie sich für ein Vorbild?

Regine Hildebrandt: Ich möchte nicht so anspruchsvoll erscheinen. Ich möchte gern, daß wir als Familie, als Freundeskreis, so wie wir es all die Jahre getan haben, vor uns selbst bestehen können. Wenn das denn als Vorbild gesehen wird – wunderbar. Bloß, da soll keine taktische Komponente dabei sein. Wir haben unser Leben stets so gestaltet, wie wir es für richtig hielten. Den Satz sage ich jetzt bestimmt zum hundertsten Mal. Wir wollten nie Märtyrer oder Vorbilder werden, wir wollten einfach so leben, daß wir es für uns akzeptieren konnten.

HANS-DIETER SCHÜTT: Wie fällt in diesem Zusammenhang Ihr Urteil über Mitläufer aus?

REGINE HILDEBRANDT: Das hat sich in meinem Leben gewandelt. Theoretisch würde ich immer sagen, das ist das Letzte. Aber wir selbst mußten uns eine Gegenwart hier gestalten, bei der es im nachhinein unehrlich wäre, würde ich nicht zugeben, daß es ohne Tendenzen von Mitläufertum offenbar auch nicht ging. Aber normalerweise sind Mitläufer für mich ganz traurige Gestalten.

HANS-DIETER SCHÜTT: Haben Sie den Eindruck, daß pluralistische Gesellschaften gegen das Mitläufertum sind?

REGINE HILDEBRANDT: Den Eindruck habe ich überhaupt nicht. Was ich derzeit erlebe, ist ja nun ganz verrückt. Jeder hat seine festgelegte Meinung, jeder verficht seine Ideologie. Was wir im Osten bekämpft haben, erlebe ich nun in facettenreicher Form im neuen Deutschland. Das macht mich ziemlich erschrocken. Es wird nicht gedacht und gehandelt entsprechend den Gegebenheiten, sondern es werden Positionen eingenommen, von denen man weiß, sie sind für die Karriere gut. Da ist ein geradezu kollektiver Drang nach der Artikulation bestimmter Leitlinien, die ich für nicht gut erachte. Im Westen muß man offenbar bei bestimmten Denkkonstellationen mitmachen, um nach oben zu kommen, um eine Zukunft zu haben, so nach dem Prinzip: Wer nicht klein beigibt, kommt auch nicht groß 'raus. Und groß rauskommen wollen offenbar eine ganze Menge Leute.

HANS-DIETER SCHÜTT: Alte Seilschaften, neue Seilschaften!

REGINE HILDEBRANDT: Seilschaften, na klar! Das ist aber doch erschreckend. Ich möchte ein praktisches Beispiel nennen: Pflegeversicherung im Osten. Brauchen wir ganz dringend. Und wir brauchen eine Pflegeversicherung, die die alten Leute nicht finanziell belastet, ich habe es vorhin schon gesagt. Im Osten ist es gar keine Frage, daß ein 60jähriger momentan nicht in der Lage ist, 88,– DM im Monat für eine private Pflegeversicherung zu zahlen. Das müßte auch einem FDP-Minister aus dem Osten klar sein. Aber wenn die Parteilinie anders ist, wenn die Partei das nicht will, stellt man sich blind, produziert hochbezahltes Mitläufertum. Übrigens steigt mit dem Gehalt auch immer die Kompromißbereitschaft. Alles endet gerade in der Politik wieder in erbärmlichem Opportunismus.

HANS-DIETER SCHÜTT: Noch einmal zurück zur Schule. Gab's bei Elternabenden Nachfragen betreffs Ihrer politischen Haltung?

REGINE HILDEBRANDT: Natürlich. Die haben auch immer versucht, uns bei allen wichtigen Elternentscheidungen in der Schule an die Wand zu drängen. Ich sagte ja schon, das Selbstbewußtsein meiner Tochter Frauke schuf gute Voraussetzungen für die nachfolgenden Hildebrandt-Kinder. Man war gewarnt, was von ihnen zu erwarten wäre. Zudem muß ich sagen, die Möglichkeit des Ausweichens wurde zwar nie groß publiziert, aber wenn man sich kümmerte, entdeckte man legale Lücken im Gesetz, die es auszunutzen galt. Wenn die Jungs zum Beispiel nicht zum Schießen und zum Exerzieren rauswollten, hatten sie die Möglichkeit, bei den Mädels beim Roten Kreuz mitzumachen. Das war ganz legal. Man mußte es nur wissen. Obwohl auch das ziemlich militant war, das muß ich schon sagen. Also jedenfalls wußte man in der Schule über uns Bescheid, und man sah uns eigentlich nicht gern beim Elternabend, weil immer irgendein Widerspruch anstand.

HANS-DIETER SCHÜTT: Sind Sie zu Elternversammlungen gegangen oder mehr Ihr Mann?

REGINE HILDEBRANDT: Meistens bin ich gegangen, aber man kann schon sagen, wir sind gemeinsam in der Schule aufgetreten.

HANS-DIETER SCHÜTT: Gab es denn auch Konflikte mit Eltern, die sagten, wie kommen denn Hildebrandts dazu, hier solche Stimmung zu machen, ihre Kinder aus allem rauszuhalten und sich oppositionell zu benehmen? Haben Sie im Elternkollektiv Keime der Unruhe gelegt, oder lief das alles immer relativ ruhig ab?

REGINE HILDEBRANDT: Wir kapitulierten relativ früh, was Argumente in den Elternversammlungen anlangte. Dadurch, daß das alles eine Gemeinde und ein Schuleinzugsgebiet war, wußte man ohnehin, wer zum Beispiel zur evangelischen Kirche hielt, man kannte seine Leute, die Kinder waren ohnehin zusammen im Kindergarten, im Hort, in der Jungen Gemeinde, und man wußte auch bei den Schülern schnell, bei wem es politisch sowieso keinen Sinn hatte, etwa einen vom offiziellen Denkmuster abweichenden Gedanken zu äußern, in der Hoffnung, kritisches Empfinden zu wecken. Sie kennen ja meine Haltung, aus allem das jeweils Bestmögliche zu machen. Eines Tages sollte sich dazu Gelegenheit ergeben. Die Schule, in die meine Kinder gingen, hatte schon vor der Einschulung meiner ältesten Tochter als erstes ein Formular nach Hause geschickt, auf dem man ausfüllen sollte, in welcher Partei man ist, welche Funktion man da hat, ob man bereit sei, die Kinder zu den Pionieren zu schicken und ob man selber im Elternaktiv mitarbeiten wolle, welche Auszeichnungen man bekommen hatte usw. Nun können Sie sich ja ausmalen, wie bei uns der Bogen ausgesehen hat. Der sah natürlich so aus, daß die Kinder nicht zu den Pionieren gehen, aber wir bereit sind, im Elternaktiv mitzuarbeiten. Das ist von vornherein nicht möglich gewesen. So offen hat das freilich niemand gesagt, es fanden sich stets irgendwelche Ausreden. Es passierte folgendes entzückende Ereignis: In der 5. oder 6. Klasse meines Sohnes beging die Lehrerin den Fehler, als das Elternaktiv vom Vorjahr verabschiedet und der neue Kandidatenkreis vorgestellt wurde, die Frage zu stellen, ob es weitere Vorschläge gäbe. Daraufhin hat sofort eine Mutter gesagt, wie wäre es denn mit Frau Hildebrandt? Denn ich war zwar nie im Elternaktiv, aber wie es so meine Art ist, arbeitete ich an der Schule mit. Zum Jahresende etwa machte ich ein Klassenfoto und zog das Motiv für alle ab, so daß zur Zeugnisausgabe jeder von mir ein Klassenbild geschenkt bekam; auch Bastelnachmittage und Radtouren organisierte ich mit. Im Prinzip habe ich mitgeholfen, interessante Pioniernachmittage durchzuführen. Kurios war das. Als nun mein Name für eine Kandidatur im Elternaktiv fiel, wand sich die Lehrerin, traute sich aber nicht, nein zu sagen. Prompt bin ich gewählt worden. Wir gingen vor die Tür, um die einzelnen Ressorts zu verteilen, und in diesem Moment marschierte die Klassenlehrerin wie eine Furie auf die Frau zu, die mich vorgeschlagen hatte. Sie zischte: Sie wissen ganz genau, der Direktor hat angeordnet, wer mit der Kirche was zu tun habe, komme nicht ins Elternaktiv. Das sagte die alles in meinem Beisein! Ein Theater war das, ein Hin und Her, ein Gequirle, mit einem Wort: eine entwürdigende Situation. Ich sagte daraufhin, ich wolle keine Ungelegenheiten machen, ich könne ja nach wie vor meine Hilfe anbieten wie bisher. Naja, dann ging die Lehrerin wieder in die Klasse und verkündete der gesamten Elternschar: Frau Hildebrandt werde das Elternaktiv unterstützen, aber nicht Mitglied sein. Daraufhin meldete sich mein Mann und verwies darauf, so einfach gehe es ja nun nicht, ich sei doch schließlich gewählt worden. Also wiederholte die Lehrerin diesen Wahlakt, und die Eltern wußten nun überhaupt nicht mehr, worum es ging. Aber jedenfalls wurde neu gewählt, dieses Mal ohne mich. Die Sache hatte wieder ihre formale Ordnung, das setzte mein Mann mit seinem Demokratieverständnis durch. Nachts, kurz vor Mitternacht, rief die besagte Lehrerin bei mir zu Hause an. Ich bin ja nun ein unverbesserlicher Optimist und dachte, jetzt hat sie's begriffen, wie unmöglich die Situation war, und daß das mit demokratischer Wahl nichts zu tun hatte, was geschehen war; wahrscheinlich bedauert sie den Vorfall, so vermutete ich, und will sich entschuldigen. Ich redete ihr ins Gewissen, ich dachte, da die Genossin nun ihre sensible Stunde habe, sei es gut, ihr klarzumachen, daß man so wie sie nicht verfahren könne, sondern daß man ehrlich miteinander umgehen müsse. Sie stimmte mir am Telefon zu, und ich dachte, prima, dann wird sich ja bestimmt etwas verbessern in der Schule. Plötzlich aber stellte sie die entscheidende Frage, und da wußte ich, was eigentlich gespielt wurde: Sie hatte nämlich bloß angerufen, um zu erfahren, ob ich eine Eingabe mache. Wenn nicht, könne sie ihr Protokoll über den Verlauf der Versammlung so schreiben, daß da überhaupt nichts drinsteht von einer notwendigen Wiederholung der Wahl. Ich habe ihr zugesichert, keine Eingabe zu machen; ich kenne den Laden lange genug, sagte ich, sie könne ihr Protokoll so schreiben, daß alles in bester Ordnung gewesen sei. Das hat sie denn auch getan. So ist es gewesen in unseren Elternaktiven. Und deswegen können Sie sich vorstellen, daß mein Mann und ich natürlich immer versucht haben, das Gespräch am Elternabend auf wirkliche schulische Belange zu lenken. Ständig diese Politabende! Wenn es zu bunt wurde, hat sich mein Mann gemeldet und gefragt, ob nicht endlich schulische Fragen besprochen werden müßten. Etwa, wenn es darum ging, daß die Kinder wieder einen Wandertag gemacht hatten, in die Wuhlheide gefahren waren und dort ein Sportfest in der Art und Weise veranstaltet hatten, daß die Schlacht um die Seelower Höhen nachgespielt wurde und die Schüler solche kleinen Aufgaben wie zum Beispiel Granatenziel-werfen nach dem Feind zu erledigen hatten. Wir verwahrten uns gegen so etwas. Viele Eltern sind der gleichen Meinung gewesen. Aber es sind genug Opportunisten darunter gewesen, die mir zu erklären versuchten, vormilitärischer Unterricht sei die reine Humanismuserziehung, bei der den Kindern auch deutlich würde, was Kameradschaft und verantwortliches Verhalten sei.

Ich möchte noch einmal ausdrücklich betonen, daß wir gewissermaßen zur Profilierung unserer oppositionellen Haltung die Kinder nicht etwa verpflichtet haben. Und es war ja wirklich nicht einfach für die Kinder. Meine älteste Tochter zum Beispiel, ich erwähnte es bereits, ist ein ausgesprochen bestimmender, selbstbewußter Charakter. Ihr blieb auf Dauer verwehrt, etwa Klassensprecherin zu werden. Sie war nicht wahlberechtigt und nicht wahlfähig, da sie ja nicht in der Pionierorganisation und in der FDJ war. Im offiziellen Sinne galt sie nie als Vertrauensperson. Und wenn man nicht in der FDJ war, hatte man also auch keine Interessenvertretung, man stand außerhalb. Meine Tochter hatte trotzdem ihren festen Platz in der Klasse, die besondere Lage hat psychisch nicht geschadet. So war es bei den anderen auch. Obwohl ich bestimmte Kompromisse stets als sehr faul empfunden habe, das muß ich schon sagen. So etwa die Tatsache, daß die Jugendweihe als eine Sache akzeptiert wurde, die man mitmacht, und dann wartet man noch ein Jahr und läßt sich hinterher Konfirmieren. So etwas ist mir sehr gegen den Strich gegangen. Meine Kinder beispielsweise wurden nicht nach zwei Jahren Konfirmantenunterricht konfirmiert, sondern sie sind genau wie all jene, die Jugendweihe gemacht hatten, nach zwei Jahren Konfirmandenunterricht zusätzlich noch ein Jahr zur Jungen Gemeinde gegangen und wurden dann erst gemeinsam mit den anderen konfirmiert. Das war so, weil bei unserer Kirche ein Gemeindekirchenratsbeschluß existierte, nach dem man die Gruppen zusammenlassen wollte. Da der weitaus größte Anteil der Jugendlichen eben Jugendweihe hatte, ist diese Verfahrensweise zur Norm geworden.

Hans-Dieter Schütt: Was besagte dieser Beschluß der Kirche konkret?

Regine Hildebrandt: Ich sagte ja, nach zwei Jahren Konfirmantenunterricht kam für die meisten die Jugendweihe. Der Beschluß der Kirche räumte ein, wenn die betreffenden Mädchen und Jungen noch ein Jahr weiter zur Jungen Gemeinde gingen, also nach der Jugendweihe, können sie trotzdem eingesegnet werden. Deswegen galt bei uns in der Sophiengemeinde die Regelung, die Konfirmation nach drei Jahren durchzuführen. Das traf auch auf meine Kinder zu, obwohl sie keine Jugendweihe gehabt hatten.
Andererseits: Man muß die Sache auch nicht dramatisieren, die bei den Pionieren und der FDJ normalerweise gelaufen ist. Ich kenne viele Kinder, die unverbogen durch diese Organisationen gegangen sind. Insofern ist vieles relativ zu sehen.

Hans-Dieter Schütt: Wie haben Sie eigentlich Ihren Mann kennengelernt?

Regine Hildebrandt: Anfang der 50er Jahre kam ein neuer Pfarrer aus Rügen an unsere Versöhnungskirche in der Bernauer Straße. Der hatte drei Söhne, Jörg, er war 12, gefiel mir am besten. Der sah irgendwie total anders aus als unsere Berliner Jungs. Er mußte immer schrecklich zeitig nach Hause, weil er dort für seine Familie die Erbsensuppe warmmachen mußte. Das hat mich immer ziemlich beeindruckt. Mit Jörg und seinen Brüdern habe ich Tischtennis gespielt. Übrigens war das alles ganz platonisch, damals waren eben noch andere Zeiten. Wir waren gute Freunde, und geküßt haben wir uns das erste Mal, als ich über 20 war. Kein Aha-Erlebnis in der Rosenlaube, sondern die folgerichtige Entwicklung einer langen und intensiven Bekanntschaft. Im Januar 1966 verlobten wir uns in Stralsund, wo Jörg Bausoldat war. Übrigens wachte ich am Morgen nach der Verlobung in Berlin auf dem Abstellgleis auf. Ich hatte im Liegewagen verschlafen. Den Hochzeitstermin legten wir extra auf den 22. Dezember, damit unsere Westverwandtschaft kommen konnte. Das war damals nur zu Weihnachten, auf Passierschein, möglich. Nun liegt unser Hochzeitstag deswegen so verrückt. Silberne Hochzeit zu Weihnachten!

Von A wie Alpträume
bis K wie Kündigungsschutz

Meine Gespräche mit Regine Hildebrandt hatten eine Neben-
wirkung: Noch nie lernte ich so viele Journalisten in so kurzer
Zeit kennen. Der »Audi 100« – an dessen Steuer Kraftfahrer
Renè Klein in schier unbegreiflichem Gleichmut seine Arbeit
macht; konzentriert, aber auch mit sympathischer Neugier – ist
Fernsehstudio und Interviewraum; fast täglich mit wechseln-
dem Personal. Nur im Wagen, in den Zwischenzeiten von Tag
und Nacht, kann die Ministerin ungestört Interviews geben
(vom Autotelefon abgesehen). Die im folgenden gebündelten
Zitate Regine Hildebrandts, aus aktuellen Medien herausge-
griffen, dokumentieren eine Geisteshaltung und setzen sie in
Kontext zur Zeit, da diese Äußerungen entstanden. Hoffnungen, aber auch Illusionen. Erkenntnisse für heute, vom kommenden Morgen mitunter schon vertrieben. Aber auch Beharr-
lichkeit, die sich der Flüchtigkeit aktueller politischer Stunde wi-
dersetzt. Widersprüchliches und Widersprüche. Zeugnisse defi-
nitiver Vorläufigkeit. Einige der Quellen, in denen ich suchte
und fand, sind bereits versiegt, die jeweiligen Zeitungen star-
ben. Für Deutschland?

ALPTRÄUME
Habe ich, und zwar nicht nur gelegentlich.   (August 1990, stern)

ÄNGSTE
Ich selbst habe ja drei Kinder, die hierzulande aufgewachsen
sind, die mitunter Rat suchen und Anregungen brauchen, um

diese neue Lebenssituation zu meistern. Hat sich nicht so mancher darauf eingestellt, daß er seinen Arbeitsplatz auf Lebenszeit behält? Vollbeschäftigung ohne jedes Risiko? Wir alle kennen deren Vorteile, aber auch die Bequemlichkeiten. Wenn nun der verbriefte Arbeitsplatz verlorengeht, glaubt man, das sei das absolute Ende. Diese Grundangst, die viele ergriffen hat, ist verständlich. Sie rührt her aus falscher Erziehung über Jahrzehnte. Aus Klischeevorstellungen über unabwendbares Elend durch Marktwirtschaft, auch soziale Marktwirtschaft.

(April 1990, NBI)

ARBEITSAMT

Die Leute sind doch nicht für das Arbeitsamt da, sondern umgekehrt – das Arbeitsamt und die Bildungsträger sind für die Leute da.
(August 1991, Neues Deutschland)

ARBEITSLOSENZAHLEN

Ich werde nie vergessen, daß hinter nackten Ziffern Einzelschicksale stecken. Ein gewisser Schutz davor ist allein die Tatsache, daß ich mit Menschen rede, viel lieber, als daß ich Akten lese, Berichte studiere und am Schreibtisch hocke.

(November 1990, Klartext)

ARBEITSLOSIGKEIT

Ich habe inzwischen gelernt: Wenn die Wirtschaft einigermaßen funktionieren soll, muß es auch Arbeitslosigkeit geben. Wir können nicht Arbeitsplätze, die unrentabel sind, durch Subventionen aufrechterhalten. Doch wir müssen über Weiterbildungsmaßnahmen neue Arbeitsplätze anbieten und auch bei großen Entlassungswellen über Umschulungen Lösungen finden.
(April 1990, Tribüne)

Noch haben wir ja motivierte Arbeitskräfte in der DDR, die mit einiger Qualifikation vielleicht in der Lage sind, die Zukunftsaufgaben in Angriff zu nehmen. Nur wenn die Leute erstmal in das Loch der Arbeitslosigkeit fallen, wenn sie erstmal zu Sozialhilfeempfängern geworden sind, dann wird man mit diesen Leuten das Land nicht mehr aufbauen können.

(Mai 1990, Spiegel)

Ausdauer

Ich bin eigentlich kein Mensch, der aufgibt. Zu Anfang in der
Regierung von de Maizière, da ist mir die Arbeit mächtig an
die Nerven gegangen. Das ist jetzt nicht mehr so. Von allein
höre ich nicht auf. Einfach, weil es so nicht sein und bleiben
darf.   (Mai 1991, Berliner Kurier)

Auswandern

Na, das ist ja nun das einzige, das ich überhaupt nicht rate.
Wir brauchen unsere Leute hier. Sie sollen nicht gehen. Wir
werden es hier schon schaffen.   (Juli 1991, Berliner Morgenpost)

Betriebsschliessungen

Man stirbt mit jedem Stückchen Niedergang mit.
                                                (Februar 1991, Freitag)

Blüm, Norbert

Mein Ressortkollege Norbert Blüm tut, was er kann.
                                                (August 1990, stern)

Naja, manchmal scherze ich ein wenig mit ihm, um vielleicht
über die menschliche Schiene irgend was zu erreichen.
                                                (Dezember 1990, NBI)

Der Blüm, wie kann ich dem nur klarmachen, daß bei uns keiner freiwillig in die Sozialhilfe geht, daß wir alle arbeiten wollen?   (Januar 1991, taz)

Bonn

Es wird immer gesagt: Bonn kann dieses nicht, Bonn kann jenes nicht. Diese Haltung ist mir unbegreiflich. Wer kommt
denn dafür auf, wenn hier alles zusammengebrochen ist?
                                                (Mai 1990, stern)

Das Problem ist, daß Bonn so weit weg ist. In Berlin wäre die
Regierung hautnah dran an den Problemen. Dann würde auch
der Kanzler mitkriegen, daß zwar Sachen beschlossen, aber
nicht umgesetzt werden. Und der große Knall kommt erst
noch, wenn die Mieten steigen.   (März 1991, stern)

Die wandeln dort durch gepflegte Gärten um all die hübschen Niederlassungen der einzelnen Länder, alles ist in bester Ordnung. Im Prinzip brauchen sie nur noch Mittagessen zu gehen, und der Fall ist erledigt. Und wir müssen hier aus Schiete Konfekt machen.

(Mai 1991, Berliner Kurier)

BRANDENBURG

Mein Land kenn' ich wie meine Westentasche! (Mai 1991, taz)

BRIEFE

Ich kann Ihnen eine Unmenge von Briefen zeigen, in denen mir alte Leute ihr Lebensschicksal schildern – das ganze Leben gearbeitet und immer angeschmiert, und jetzt zum Schluß noch einmal. Es ist unzumutbar, daß man eine Million Menschen mit Ach und Krach oberhalb des Sozialhilfeniveaus hält.

(Mai 1990, Spiegel)

BÜRGERBEWEGUNG

Wir sind mit falschen Hoffnungen losmarschiert.

(Juni 1991, Berliner Zeitung)

BUNDESREPUBLIK

Das verstehe ich nicht! Die Bundesrepublik kann doch die DDR nicht zusammenbrechen lassen. Die Bundesrepublik wird mit so einem heruntergekommenen, verrotteten Teil Deutschlands, mit so einem Geschwür an ihrem eigenen Leib nicht leben können.

(Mai 1990, Spiegel)

BUNDESTAG

Dort käme ich mir vor wie ein Kanarienvogel im goldenen Käfig.

(Dezember 1990, NBI)

CDU

Die CDU gehörte schließlich zu den Blockflöten im Konzert der SED und verbot sich deshalb für uns als evangelische Christen von selbst. Sie hat sich ja erst in der letzten Zeit zu einer akzeptablen Partei entwickelt. (Juni 1990, Für Dich)

DDR

Wir hatten 40 Jahre Kommandowirtschaft, wir waren eine Gesellschaft von Wettbewerbsplanerfüllern. Tatsächliche Kreativität kam nicht zum Zuge. Gemeinnützige Tätigkeiten umschrieb man mit seelenlosen Worthülsen, dadurch sind auch diese Tätigkeiten diskreditiert worden. Es ist nun ungewohnt für alle, selbst etwas zu entscheiden, selbst aktiv zu werden und etwas auf die Beine zu stellen. In der Situation allgemeiner Verunsicherung ist es besonders schwer, diese Eigenschaften vorzukramen. Es gab natürlich schon immer Menschen, die die wenigen Freiräume ausfüllten mit sinnvollem Tun. Aber in der Regel resigniert jeder, wenn er merkt, daß es nicht weitergeht. Wir sind ein Volk der Kapitulierer.   (September 1990, Der Morgen)

Die DDR hatte eine ungeheure Produktivität in manchen Branchen. Zum Beispiel, was für eine Menge an Staatsverdrossenheit wir produziert haben. Das war Weltspitze.

(März 1990, Die Welt)

Wir haben die Mauer nicht mehr und dafür einen freien Arbeitsmarkt; mit den Folgen müssen wir leben. Wir haben das als DDR schon 40 Jahre lang verkraftet. Vor 1961 sogar in einem enormen Ausmaß. Doch nach dem Mauerbau haben wir geschafft, wieder etwas aufzubauen. Wir haben den höchsten Ausbildungsstand in Europa – um 90 Prozent abgeschlossene Berufsausbildung gibt es in keinem EG-Land. Auch wenn uns die Besten abgeworben werden: Wir machen einfach weiter!

(August 1990, taz)

DDR-Kredite
Ich bin ja diejenige, die immer wieder Finanzierungshilfen fordert. Deshalb bin ich ja schon als Pleitegeier verschrien, der immer nur schwarze Wolken malt. Wir müssen endlich zur Kenntnis nehmen, wie es wirklich ist. Entweder, die Finanziers kommen jetzt in der Bundesrepublik aus dem Knick, oder die Nachfolgekosten sind höher als das, was sie jetzt 'rüberreichen müssen.   (August 1990, Neue Zeit)

de Maizière
Noch ist das letzte Wort zum Staatsvertrag, den Bedingungen der Währungsunion nicht gesprochen. Noch wird verhandelt. Mir geht es um mehrjährige Übergangsregelungen, so wie sie auch beim Eintritt von Portugal, Griechenland und Spanien in die EG gewährt wurden. In Lothar de Maizières Regierungserklärung hieß es: soviel Markt wie möglich und soviel Staat wie nötig. Das klage ich jetzt ein.   (Mai 1990, Spiegel)

D-Mark

Was nützt denn eine stabile, harte D-Mark, wenn die politische Lage in der DDR instabil wird? (August 1990, stern)

Diäten

Ich bin der Meinung, es sollte vielleicht von dem Hohen Haus
noch einmal überdacht werden, ob die jetzt gezahlten Bezüge
tatsächlich notwendig und in der Optik des Volkes zu verantworten sind. (Juni 1990, Volkskammer der DDR)

Dienstmädchen

Es ist doch nicht einzusehen, daß nach bundesdeutschem
Recht zwar die Kosten für ein Dienstmädchen steuerlich ab-
setzbar sind, nicht aber der Elternbeitrag für eine Kita.
(März 1991, Neues Deutschland)

Dienstreisen

Ich muß zu den Leuten! Klar, mein Ministerpräsident war
nicht begeistert, daß ich die Kabinettssitzung geschwänzt habe.
(Januar 1991, taz)

Drohungen

Ich drohe nicht, sondern ich möchte stimulieren, nämlich auf
westlicher Seite; und ich möchte motivieren, auf östlicher
Seite. Drohen will ich überhaupt nicht. (Mai 1990, Spiegel)

Einheit

Wir müssen immer davon ausgehen, daß diese Veränderungen
bei uns phantastisch sind. Einfach diese Öffnung, Kinder, also
daß die Mauer nicht mehr da ist. Daß die Reglementierung
nicht mehr da ist. Daß die Staatssicherheit nicht mehr da ist,
daß das Parteiregime nicht mehr da ist, daß wir eine Palette
von Zeitungen haben, die du lesen kannst und nicht den üblichen Schnee, den wir 40 Jahre lang gelesen haben. Und was
es bedeutet, wenn die Jugendlichen reisen können, wohin sie
wollen. Es ist also eine geistige Öffnung, eine räumliche und
eine ideologische. Wir haben die Revolution gemacht, wir
wollten dieses Regime loswerden, und nun sind wir es los.
Daß das verbunden ist mit einem Überstürzen von zwei Wirt-
schaftssystemen, die nicht miteinander kompatibel sind, ist die
Schlußfolgerung daraus. (August 1990, Die Andere)

Als ich die Regierungsverantwortung übernahm, hatte ich mit meiner Mannschaft die Hoffnung, ein – ich sage mal – sanfteres Hineingleiten in die Marktwirtschaft zu initiieren. Das mögen mir meine politischen Gegner nicht abnehmen, doch dieses Bemühen war ehrlich, und es gründete sich auf den enormen Potenzen, die in diesem Land, in seinen Bürgern stecken. Die Haltung der SPD zu diesem überhasteten Prozeß der Einheit ist bekannt. Für mein ehemaliges Ressort möchte ich sagen, daß mit etwas größerer Geduld, mit Ehrlichkeit und Realismus – auch im Umgang mit dem politischen Gegner – manches besser zu lösen gewesen wäre. (September 1990, Tribüne)

EINIGUNGSVERTRAG

Wir als SPD haben diesem Vertrag zugestimmt, weil es die bessere von zwei schlechten Varianten ist.

(September 1990, Der Morgen)

ELBE

Arbeit gibt es mehr als genug. Nehmen Sie den Zustand unserer Städte, Leipzig oder Dresden. Schauen Sie sich um im Braunkohlerevier von Cottbus. Versuchen Sie mal, in der Elbe zu baden. Das ganze Land ist so heruntergekommen, daß sofort gehandelt werden muß. Hier gibt es Arbeit für Hunderttausende über Jahre hinaus. Staatliche Infrastrukturprogramme müssen her. (Mai 1990, Spiegel)

FDGB

Es war doch immer so: Der FDGB macht die Sozialversicherung und die Renten. Woraus was finanziert wird und wo es hinfließt, das wußte keiner mehr. Das ist tödlich. Wir brauchen durchsichtige Verhältnisse und keine Wohltäter. (April 1990, Tribüne)

FEINDBILDER

Mancher der alten Stalinisten, der sich noch immer links nennt, scheint fast zu bedauern und genießt seinen Verdruß darüber, daß nach dem Ende der DDR ihm nun nicht ein neues System der Unterdrückung entgegensteht, das ihm Untergrundarbeit, Illegalität abfordert. Aber eine Politik, die alte Feindbilder aufrechterhält, wird schnell ihre Bindung an die Gesellschaft verlieren, auf die sie doch Einfluß nehmen will.

(Februar 1991, Hamburger Abendblatt)

Fragen

Was heißt hier, schlimme Zeiten? Im Wechsel der Zeiten ver-
braucht sich Leben, das stimmt. Aber ich sehe doch Lichtschein:
Hinter jeder Antwort steckt doch eine Frage, was braucht der
Mensch denn mehr zum Denken als offene Fragen ...

(Juli 1991, Die Zeit)

Frauen

Eine Frau in der DDR weiß, was arbeiten heißt. (Januar 1991, taz)

Freier Markt

Man kann nicht darauf hoffen, daß der freie Makt alles richten
wird. Das geht nicht, dann sind alle Betriebe kaputt. Weil durch
die immense Einfuhr von Westwaren inzwischen selbst die guten Ostwaren liegenbleiben, erwägen wir zum Beispiel, auf
Westwaren eine Abgabe zu erheben.

(August 1990, stern)

Frühkapitalismus

Wir haben momentan in der DDR Verhältnisse wie im Frühka-
pitalismus. Generaldirektoren springen in einer Art und Weise
mit den Menschen, den Werktätigen um, die für mich nicht hin-
nehmbar ist und von den Betroffenen nicht hingenommen werden sollte. Viele Gruppen in unserer Gesellschaft sind in einem
Zustand, in dem Selbstbewußtsein und auch Motivation durch
die Zukunftsängste blockiert werden.

(Mai 1990, Spiegel)

Genossen Geschäftsführer

Sie kennen viele Leute, den Betrieb und haben auch gute Beziehungen in den Osten. Aufgrund ihrer Kenntnisse sind sie durchaus in der Lage, Strategien für die Betriebe in dieser Umbruchsituation zu erarbeiten. Vorausgesetzt, sie sind gutwillig und haben auch vorher nicht für ihr Eigenwohl, sondern tatsächlich
zum Wohl des Betriebes gewirkt. Davon gibt es eine ganze
Reihe. Viele aber waren Opportunisten und die wenigsten von
ihnen überzeugte Genossen. Das Wirken zum Allgemeinwohl
muß deshalb in Frage gestellt werden. Viele wollen nur ihr eigenes Fell retten. Was dann so aussieht, daß der Betrieb herunter-
gewirtschaftet wird, um ihn billig zu verkaufen. Dafür winkt
dann eine Geschäftsführerstelle.

(Oktober 1991, Junge Welt)

Gewerkschaften

Die Gewerkschaften sind eine Interessenvertretung der Arbeiter, die wir auch in der, sagen wir ruhig, neuen DDR als starken Partner in Tarifverhandlungen brauchen – aber nicht als Verwalter von Ferienplätzen. Ich habe gegen das Gewerkschaftsgesetz votiert, weil es auch in der BRD kein solches Gesetz gibt. Und zwar aus Erfahrung. Wir brauchen in den Betrieben Vertretungen der Mitarbeiter, in denen natürlich auch die Gewerkschaften mitmachen können.

(April 1990, DFF-aktuell)

Hauswirtschaft

Ich muß mal klipp und klar sagen, ich hab' früher viel mehr gearbeitet. Angestrengter. Wenn Sie sich vorstellen, daß man berufstätig ist, drei Kinder hat, eine Wohnung mit fünf Zimmern, die Hauswirtschaft, die Wäsche. Jetzt brauche ich nicht mehr 25 Sachen auf einmal zu machen, sondern mich nur noch um 25 dienstliche Sachen zeitgleich zu kümmern. Laufend wollen die Leute aber nun von mir wissen, wie schaffen Sie das bloß? Komisch, ich hab' mein Leben lang angestrengt gearbeitet und niemand hat mich bisher danach gefragt.

(August 1991, Neues Deutschland)

Ideale

Natürlich habe ich Ideale. Und ich habe gelernt, wie man mit ihnen umzugehen hat: Es kommt darauf an, Ideale in die Realität einzubringen, statt die Realität einzuzwängen in die Ideale.

(April 1991, Berliner Rundfunk)

Jahr 1991

Das wird ein ganz schweres Jahr! Kommunen und Länder müssen ihre Strukturen erst aufbauen, sie haben finanzielle Schwierigkeiten und ihnen fehlen einfach Kenntnisse. Zum Beispiel, wie man trickreich die eine oder andere Sache doch noch realisieren kann. Es wird eine wahnsinnige Anzahl von Arbeitslosen geben, und der Wirtschaftsaufbau wird schleppend beginnen. Er geht los, aber eben langsam. Deshalb müssen wir alle Möglichkeiten nutzen, um den sozialen Frieden zu bewahren. Wirkliche Bürgerinitiativen sind gefragt, um die sich entwickelnde soziale Trägerschaft mittels Selbsthilfegruppen zu gestalten. Arbeitslose, Alleinerziehende, Alte, Behinderte, Kinder und Jugendliche – sie alle brauchen Unterstützung. Und eines scheint mir besonders wichtig: Wir müssen uns von vornherein auf einen bescheidenen Wohlstand orientieren in unseren fünf östlichen Bundesländern.

(September 1990, NBI)

JAHR 1992

Es wird ein Jahr der Enttäuschung, aber auch ein Jahr des Kampfes. An seinem Ende wird wieder ein Abschnitt Lebenszeit vorübergezogen sein, unwiederholbar, und ich hoffe, daß die Enttäuschung zu verkraften sein wird und daß der Kampf uns ein Stückchen dem Gefühl näherbringen möge, daß die Einheit Deutschlands ein großes historisches Glück ist.

(Dezember 1991, ZDF-heute journal)

JUGENDLICHE

Wir haben schon jetzt mehr als 10 000 arbeitslose Jugendliche. Meinen Sie, die bleiben in der DDR, wenn sie hier keine Arbeit, keinen Ausbildungsplatz finden? Meinen Sie, die warten geduldig auf die nächste Sozialhilfe? Nein, das würde eine neue, gewaltige Übersiedlerwelle geben. Und das gilt es jetzt zu verhindern.

(Mai 1990, Spiegel)

KOALITION

Durch die CDU, das muß man eindeutig sagen, wird ein riesiges Theater mit der SPD veranstaltet. Von unseren Papieren für die Arbeit in der Regierung müssen wir jetzt Schritt für Schritt abrücken. Trotzdem hielten wir so lange zur Stange, weil die Verantwortung dem Volk gegenüber groß ist. Was hier veranstaltet wird, ist unverblümter Wahlkampf. Das sieht man alle naselang an Äußerungen von Herrn Krause, auch an der plötzlichen Wahlverschiebung auf den 14. Oktober von de Maizière. Es ist eine Form des Umgangs miteinander, die nicht mehr zu akzeptieren ist. Ich werde am Sonntag wohl für Austritt stimmen.

(August 1990, Volksstimme)

KOHL, HELMUT

Der Mantel der Geschichte rauscht, heißt es immer bei ihm. Aber ich höre nichts. Ich sehe nur, daß eine Unmenge von Leuten an allen möglichen Zipfeln herumzieht und die Gefahr besteht, daß sich hier im Osten gar nichts bewegt.

(August 1990, Deutschlandfunk)

Ich bin immer dafür, zu den Menschen zu gehen und mit ihnen zu reden, auch wenn man mal ausgepfiffen wird. Aber Kohl kann man es im Moment nicht empfehlen, es wäre der Teufel los. (März 1991, stern)

KOMMUNISTEN

Naja, sicher ist das irgendwie tragisch, aber auch sehr bezeichnend: Kommunisten galten in der Geschichte immer als »vaterlandslose Gesellen«. Das galt in Zeiten des Kampfes gegen das Kapital als Lob für ein Verhalten, das sich nicht staatlich korrumpieren ließ. Nun sind es die Kommunisten der DDR gewesen, die Tausende Menschen, Ausreisewillige, zu vaterlandslosen Gesellen gemacht haben und somit gleichsam das Lob abtreten mußten. Die Kommunisten haben dieses Lob verwirkt. Es ist ja makaber: Immer mehr flohen, aber so lange der Kollaps nicht völlig da war, kämpfte der Rest in den schon lahmgelegten Betrieben noch immer um den Titel »Brigade der sozialistischen Arbeit«. (Januar 1990, Berliner Zeitung)

KÜNDIGUNGSSCHUTZ

Zu den ersten Gesetzen, die meines Erachtens sofort verabschiedet werden müssen, gehört das Recht auf Kündigungsschutz. Es darf keine ungerechtfertigten Kündigungen mehr geben. Erst recht nicht für Menschen, die sozial benachteiligt sind. Es kann und darf auch nicht sein, daß man Ausländer, die mit festem Vertrag bei uns arbeiten, einfach auf die Straße setzen will. Nach jüngsten Informationen sind 8000 von ihnen betroffen, vor allem Moçambiquer und Vietnamesen. Wir gehen auch jenen Fällen nach, wo Behinderte entlassen bzw. genötigt werden, einen Aufhebungsvertrag zu unterschreiben. Gerade weil der soziale Aspekt so lebenswichtig ist, wollen und müssen wir uns für die schwächsten Gruppen engagieren. (April 1990, NBI)

Ein Winterabend.
Vom Mut in der Nische.

Die Wohnung der Regine Hildebrandt. Zettel an den Wänden. Und Repros von Otto Nagel. Bücher. Kerzen. Kuchen. Kaffee. Stehlampenlicht. Halbes Dunkel, halbe Helle. Der Geruch von frischem Regalholz. Ein Foto aus dem Jahr 1985: Sprengung der Versöhnungskirche im Grenzstreifen. Ein Stück Bernauer stirbt. Auf dem Foto fliegt gerade das Kreuz der Kirchturmspitze durch die Luft. Nein: Wem setzt es nach?

»Nein, ich war kein Dissident. Was wir bei Berlin-Chemie gemacht haben, war sogar ordentliche Arbeit. So entwickelten wir neue Testreihen für Tierversuche. Aber ich sage Ihnen, Dinger habe ich erlebt! Die klinische Erprobung für ein neues Beruhigungsmittel war schon perfekt, und da habe ich im Selbstversuch festgestellt, daß der Kram verheerende Nebenwirkungen auf den Magen-Darm-Trakt hatte …«

Hans-Dieter Schütt: Sie wie Ihr Mann waren in der Vorwende-zeit in der Bürgerrechtsbewegung »Demokratie Jetzt« engagiert und sind dann aber schon im Oktober 1989 der eben gegründe-ten Sozialdemokratischen Partei in der DDR beigetreten. Warum?

Regine Hildebrandt: Die Bürgerbewegung liegt uns sicher nä-her. Wir haben immer versucht, unsere private Opposition zu gestalten, Zivilcourage zu behaupten, und deswegen war natür-lich die Bürgerbewegung das Gremium, in dem wir uns zu Hause fühlten. Andererseits war uns klar, wenn der Umbruch in der DDR eine Perspektive haben sollte und sich hin zu demokra-tischen Strukturen wandeln würde, braucht man Parteien. Nun verfügte das Land zwar über eine Palette von Blockparteien, aber was wir nicht hatten, war eine Sozialdemokratie. Deshalb sind wir sofort eingetreten. Wir sehen ja immer wieder, wie schwer es auch jetzt noch den Bürgerbewegungen fällt, die Stimme einheitlich, nachdrücklich und lautstark, also wirkungs-voll zu artikulieren. Bürgerbewegung – das heißt Vielfalt. Das Neue Forum war in diesem Sinne ja ein extremes Beispiel. Da hatten wir ja nun alles drin, das gesamte Spektrum politischen Denkens war dort versammelt, vereint in diesem einen Ziel: die SED-Diktatur loszuwerden. Aber wenn es ans Konstruktive geht, wenn man in der Lage sein muß, Abstriche von seinen Vor-stellungen zu machen, Meinungen zu bündeln, also dann ufert die Diskussion aus, erweisen sich Bürgerbewegungen nicht als die Kraft, die im Sinne durchaus traditionellen Politikverständ-nisses und im Kontext sowie in der Auseinandersetzung mit be-stehenden politischen Strukturen Dinge wirklich bewegen kann. Bei aller Skepsis gegenüber der Rolle, die die Parteien in den Altbundesländern spielen: Sie sind zwar kein sehr gutes Modell, aber offensichtlich das derzeit einzig mögliche und beste. Wir brauchen Parteien mit vielen Leuten, die mit klaren Zielrichtun-gen und mit einheitlichen Meinungen mitmachen. Das ist schwierig. Ich bin ja inzwischen im Bundesparteivorstand, und ich erlebe immer wieder mit Erstaunen, daß es selbst dort kaum möglich ist, alle auf eine einheitliche Gangart zu verpflichten. Das ist mir völlig unbegreiflich. Von dem Spruch »Die Partei, die Partei, die hat immer recht« halte ich absolut nichts, aber ich bin doch der Meinung: Wenn man eine Weile diskutiert hat, muß man zu einem Ergebnis kommen, und das muß in einer Partei mehrheitlich beschlossen und dann von allen getragen werden. Aber wir erleben es jetzt in der Asylbewerberproblematik: unbegreiflich, wenn festgelegte, abgestimmte, in allen Parteigremien wirklich durchdiskutierte Standpunkte immer wieder neu debattiert werden. Auch bei der SPD müßte mehr Einheitlichkeit herrschen, um die Glaubwürdigkeit erhöhen zu können. Also: möglichst breit diskutieren, aber dann eine Linie drin haben, und die möglichst auf Dauer.

HANS-DIETER SCHÜTT: Ist es nicht aber gut, wenn solche Bewegungen immer wieder bis hinein in den Bundestag, bis in einige BRD-Landesregierungen hinein ihre Stimme erheben? Es ist doch enorm wichtig, daß die GRÜNEN tatsächlich neue Gedanken in den Mittelpunkt des öffentlichen Interesses brachten, daß sie sich formierten, die Friedensbewegung mitinitiierten; es ist doch gut, daß Öko-Bewegungen auch heute wieder ganz stark aktiv sind, die Sensibilität der Gesellschaft für solche Dinge erhöhen. Daß sich solches in aktiver Politik niederschlägt, ist lebensnotwendig für dieses Land. Was die alte BRD betrifft: Dank einer jahrelangen Ausdauer außerparlamentarischer Opposition entstand eine Art Heimatgefühl – beim Zusammenraufen mit den Türken, beim Kampf um Feuchtbiotope, gegen Atomkraftwerke und Elbverschmutzung. Und in der DDR entstand ja auch eine Bürgerbewegung, deren größtes Plus natürlich war und ist, daß politische Meinungsverschiedenheit schneller, unmittelbarer ausgetragen wird als in der quälenden Art und Weise, mit der Parteien auf das Leben reagieren.

REGINE HILDEBRANDT: Natürlich hoffe ich, daß man auch in meiner SPD-Arbeit erkennt, daß ich aus einer Bürgerbewegung komme. Wir versuchen ja, hineinzufunken, altes Denken aufzubrechen, Verfestigungen zu lösen. Aber zugleich muß man sich in diesem System etablierter Parteien zurechtfinden, Teil dieses Systems sein, um etwas zu bewegen. Jedenfalls bin ich zu dieser Erkenntnis gekommen: daß wir im Moment nichts Besseres haben. Wohl wissend, daß der Grat zwischen neuen Wegen und neuerlicher Anpassung schmal ist, sehr schmal.

Wahnsinnig viele Dinge gibt es gerade an der Bundespolitik, die mich stören. Aber bei der Landespolitik ist man immer noch ein bißchen dichter dran am Leben, ein bißchen enger verbunden mit den Menschen; die Entfernungen sind einfach nicht so groß. Meine Hoffnung in die Demokratie besteht darin, daß es für das Land und die Parteien nützlich ist, wenn ab und an ein Wechsel zustandekommt; wenn in Nordrhein-Westfalen oder in Bremen die SPD erhebliche Stimmen verlor, dann haben sich offenbar gewisse wenig überzeugungskräftige Verhaltensmuster eingeschliffen. So was ist nie sonderlich zukunftsträchtig, aber es zerstört nicht meine Hoffnung in die Kraft und die Wirksamkeit von Parteien.

HANS-DIETER SCHÜTT: Was halten Sie von dem Satz: Wer Mitglied einer Partei ist, hat im Prinzip nur zwei Möglichkeiten: Opportunist oder Nestbeschmutzer zu werden?

REGINE HILDEBRANDT: Das Schlimme ist, daß Politiker oft zuwenig Herzensbildung haben. Wenn Menschen zu Funktionären werden und ausschließlich nur noch das reden, was ihnen im Rahmen des Partei-Kalküls erlaubt ist und sie überhaupt nicht mehr auf die Komplexität und die Veränderungen von Situationen schauen! Das ist übrigens nicht a priori ein Gegensatz zu eben beschworener Parteilinie. Es ist schlimm, wenn sie nicht mehr zur Flexibilität im Sinne einer optimalen Problemlösung fähig sind. Das ist ein parteienübergreifendes Problem. Wenn man so was erlebt, wird die Sache strapaziös. Ich erlebe Runden, in denen es um Qualifizierungs- und Beschäftigungsgesellschaften geht, um Arbeitsmarktpolitik, und wirklich: Die Gewerkschaften, die Handwerker, jeder sagt nur seins. Jeder bringt erst einmal seinen engen Standpunkt und seine auf sich bezogenen Bedenken an, und da könnte ich verrückt werden, das darf doch nicht sein. Man muß doch die Bereitschaft haben, gegebene Grenzen zu überschreiten und Haltungen zu beziehen, die nicht sofort auf Gegenliebe stoßen. Es ist schwer, den Konflikt im eigenen Lager oder der eigenen Partei nicht zu scheuen, eigene Meinungen zu vertreten, Beziehungen und Partnerschaften über die engen Zaungrenzen hinweg aufzubauen und die Sicherheit der Herde, wenn ich das mal so sagen darf, immer wieder einmal zu verlassen – zugunsten eines Dialogs, den wir so dringend brauchen.

HANS-DIETER SCHÜTT: Wenn Sie über solche Politikereigenschaften reden, fällt bei Ihnen oft der Name Dr. Rita Süßmuth.

REGINE HILDEBRANDT: Die Frau zeigt diese Bereitschaft, die ich eben skizzierte, immer wieder. Sei es in der Frage des Paragraphen 218, sei es in der Auseinandersetzung über die Anerkennung der Oder-Neiße-Grenze im Vorfeld der Vereinigung. Sie gehört zu denen, die Beschäftigungsgesellschaften schon in einer Zeit befürworteten, als diese notwendigen Übergangsmaßnahmen bei manchem Politiker aus Bonn noch als sozialistisches Teufelswerk galten. Ich schätze sie aber nicht nur deswegen, weil sie Ansichten vertritt, die mir nahestehen; es gibt auch welche, wo das nicht der Fall ist oder war, beispielsweise in der Diskussion über die Frage des Regierungssitzes. Wichtig ist dennoch ihre Offenheit, die noch lange nicht die Regel unserer politischen Kultur ist. Ich habe als Ministerin der de Maizière-Regierung erlebt, wie quälend und belastend es ist, mit einer unbequemen Meinung aufzutreten. Ich sehe immer noch vor mir, wie einige das Gesicht verziehen und denken: Was will denn die schon wieder ...

HANS-DIETER SCHÜTT: Noch einmal zurück zur Gründung der Sozialdemokratie in der DDR. War dieser Schritt schon von Beginn an mit der Hoffnung verbunden, daß eine Sozialdemokratische Partei möglicherweise in einer sich verändernden DDR die Macht ergreifen würde?

REGINE HILDEBRANDT: Ach, überhaupt nicht. Sie müssen doch einmal davon ausgehen, als wir in die SDP eintraten, also gleich nach der Gründung Anfang Oktober, da waren wir ein Häuflein. Und nachher bei den Volkskammerwahlen, da war es der Mangel an Leuten, der mich eines Tages dazu brachte, als Kandidat für die Regierung in den Ring zu steigen. Ich wollte doch nie Ministerin werden! Macht und Partei waren für mich fremde Begriffe. Natürlich, im Januar 1990, als der große Aufschwung kam und die großen Gefühle das Straßenbild beherrschten, als sich gleichsam die europäische Sozialdemokratie in Berlin versammelte, Willy Brandt hier war und der Slogan in die Welt gesetzt wurde: »Jetzt wächst zusammen, was zusammen gehört!«, da ging eine solche Welle der Ermutigung über uns weg, daß wir dachten, sozialdemokratische Politik würde nun auf jeden Fall die Mehrheit der Bevölkerung erreichen. Und ich hab's demnach auch lange nicht fassen können, wie das Wahlergebnis dann seinerzeit ausgefallen ist. Aber es ging uns eigentlich, also mir, nicht um die Macht.

Wissen Sie, Macht ist bei mir negativ belegt. Wir haben vorwiegend Machtmißbrauch erlebt, und deshalb habe ich da ein sehr gestörtes Verhältnis zu diesem Begriff. Eigentlich war für uns das sozialdemokratische Gedankengut die große Hoffnung – die Hoffnung, daß die Menschen in den fünf neuen Ländern in einer Zeit wirtschaftlicher Gefährdung und politischen Umbruchs ihr Vertrauen in eine politische Kraft setzen, die die soziale Komponente hochhält, schon von der Tradition her. Daß dies nicht eintrat, sehe ich auch als verpaßte Chance für die deutsche Sozialdemokratie; denn ihr ursprünglicher Charakter, ihre einst unmittelbare Verwurzelung in den sozialen Kämpfen der Massen ist ja mit den Jahrzehnten bundesdeutscher Sozialpartnerschaft in gewissem Grade verändert worden. In den neuen Bundesländern wäre eine Anknüpfung an die soziale Mission der SPD – auf sicher überraschende Weise – möglich gewesen.

HANS-DIETER SCHÜTT: Also, Sie haben gedacht, daß die SPD zumindest einen Stimmenanteil kriegen würde, der eben ein deutlicheres Mitbestimmen ermöglichte, als es dann in der letzten DDR-Regierung der Fall sein sollte?

REGINE HILDEBRANDT: Na selbstverständlich. Das war für mich schon eine ganz große Enttäuschung. Aber die Leute machten sich nicht sonderlich klar, etwa bis ins Detail, wo man parteipolitisch überhaupt stehen würde, wenn man die freie Wahl dazu hätte. SPD – das war halt die Partei auf der anderen, der westlichen Seite, die man mit Sympathie verfolgt hat, aber nie direkt auf sich selbst bezog. Der damit verbundene soziale Gedanke spielte auch innerhalb unseres ehemaligen Staatswesens für mich eine dominante Rolle; bei aller Ungerechtigkeit, die wir erlebten, hatte dieser Gedanke ja durchaus Lebenskraft in dieser Gesellschaft. Wirklich soziale Gerechtigkeit, Gerechtigkeit überhaupt und jenes Maß an Solidarität, das da sein muß, damit man soziale Gerechtigkeit überhaupt umsetzen kann – dies war für mich immer maßgeblich im Leben. Ich hab's mir jetzt mal im nachhinein klargemacht, man kommt ja kaum mehr zum Überlegen, aber diese Betroffenheit angesichts von Benachteiligung und Ungerechtigkeit, speziell gegenüber sozial Schwachen, begleitet mich wirklich seit der Schulzeit. Daß sich Gesellschaften nach wie vor etablieren aufgrund von unterschiedlichen Besitzverhältnissen – das ist mir in der Seele zuwider.

Hans-Dieter Schütt: Wenn Sie an die Anfangswochen Ihrer Arbeit in der Sozialdemokratischen Partei zurückdenken – woran erinnern Sie sich? Welche Bilder haben sich wie Szenen eines Films erhalten?

Regine Hildebrandt: Ach, wissen Sie, die Anfangszeit, die war regelrecht rührend. Wenn ich nur an den Gründungsparteitag der Berliner Sozialdemokraten in der Sophienkirche denke. Wir hatten dort Gottesdienst und zugleich Besuch zum Mittagessen zu Hause. Nach dem Gottesdienst sollte die Partei gegründet werden. Unserem Besuch hatte ich angeboten, mit rüberzukommen in die Kirche; wir würden dann eben ein bißchen später essen. Nun können Sie sich vorstellen, daß ich mich natürlich total verkalkuliert hatte, die Parteigründung zog sich bis abends um 21 Uhr hin, und die Leute hatten alle nichts zu essen da. Ich bin also mit unserem Mittagsgast zwischendurch mal kurz nach Hause gegangen, habe ihm zu Essen angeboten, ein paar Stullen mit in die Kirche genommen, die man mir dort aus den Fingern riß. Ach, wir mit unserer Demokratie! Der Parteitag fing damit an, daß Ibrahim Böhme einen jungen Mann vorm Tor hatte stehen lassen, und der wollte gern mit reinkommen, und jetzt diskutierten wir eine halbe Stunde darüber, ob der dabeisein kann, ob er Rederecht hat oder stimmberechtigt ist, wirklich: rührend. So richtig Einüben in die Grundlagen von Demokratie war das; vielleicht kann man nicht einmal Demokratie sagen, eher ging es um vernünftige Verhandlungskultur. Ich hab's bis heute nicht so richtig begriffen, wie nun immer die Tagesordnungen sein müssen, und wann wer was machen muß. Sie haben es ja in der Volkskammer erlebt, wie munter wir immer mit den Dingen umgegangen sind, etwa mit der Geschäftsordnung. Da können wir nur froh sein, daß wir Synoden und damit wenigstens im kirchlichen Raum parlamentarische Erfahrungen hatten. Oder die Parteiversammlungen! Wir wußten zunächst gar nicht, wo sie stattfinden könnten. Da haben wir bei meiner Schwägerin hier im Haus, oben in der 4. Etage getagt, und sie war gleich mit in die Parteileitung reingewählt worden. Sie mußte sofort mit ran. Dann gründeten wir unsere Gruppe in Berlin-Mitte, teilten sie gleich wieder in unterschiedliche Ortsverbände, weil es zuviel wurden in einer einzigen Wohnung. Praktisch ging's bei jeder Versammlung von vorn los, immer wieder haben wir neu »durchgezählt«, wer ist noch dabei, wer ist neu. Dann die Frage mit SED-Mitgliedern: Nehmen wir sie nun gleich oder nehmen wir sie nie oder erst später? 'Rin in die Kartoffeln, 'raus aus den Kartoffeln! Später wurden die ersten Zeitungen verteilt, mit den Kindern sind wir unterwegs gewesen, hatten das Auto vollgeladen. Mein Mann immer mittenmang. Nun kennen wir hier im Kietz Hinz und Kunz, an der Markthalle hatten wir einen Stand, das ging wunderbar, dann hat Jörg die Idee mit dem Konzert gehabt. Wir besaßen, inzwischen schon über Jahrzehnte, beim Berliner Sinfonieorchester Abonnements für drei Konzertreihen. Die finden an drei verschiedenen Tagen statt, und wir wußten, immer wenn wir dran sind, waren vorher und hinterher auf jeden Fall im Schauspielhaus Konzerte. Und da sagte mein Mann: Nichts wie hin! So hat er sich Sonntagabend mit der SPD-Zeitung vor's Theater gestellt und gewartet, bis die Leute aus dem Konzert kamen. Sie können sich die Hemmschwellen vorstellen, die von allen überwunden werden mußten. Sicher dachten einige, na, die müssen ja wohl wat' an der Glocke haben, jetzt belästigen sie uns, wenn wir in gehobener Stimmung aus dem Konzert kommen, mit ihren Zeitungen. Meinen Mann kannten natürlich viele. Herr Hildebrandt, was machen Sie denn hier? Eine Bemerkung, die nicht selten fiel, und die Frage stand in so manchem Blick. Wir mußten uns an diese Form neuer politischer Öffentlichkeitsarbeit erst gewöhnen. Oder nehmen Sie die ersten Veranstaltungen auf dem Alexanderplatz, mit so 'ner Flüstertüte. Neben uns agitierte die FDP, die besaß schon bessere Technik als wir, demnach fühlten wir uns zu besonderem Eifer verpflichtet, zu besonderer Lautstärke. Marktschreier, Zirkusleute – so empfanden wir uns; das Feuer der neuen Ideen trieb uns, aber wir spürten, daß auch Grenzen bisherigen Bürgerempfindens und bisheriger Stillhaltetaktik übersprungen werden mußten. Die Parteiversammlungen in der Basisgruppe, die im Laufe der Zeit besser, tiefgründiger wurden, waren für mich eine tolle Sache. Da herrschte ein so menschlicher Zusammenhalt! Meine Freunde hatten mich nominiert als Kandidatin für die Volkskammer – und plötzlich mußte ich das Ministerium übernehmen, besaß von da an entsprechende Informationen, und in jener Zeit riß auch der Kontakt zur Parteigruppe nicht. Diese Verbindung, die die meisten Volkskammerabgeordneten verloren hatten, weil sie aus ganz anderen Regionen stammten, war mein politisches Lebenselixier.

Die sinnliche Erfahrung eines solchen Anfangs darf bei Gott nicht vergessen werden. Bedauerlicherweise ist es ja so, daß sich vieles im Mechanismus alltäglichen, landläufigen Politikgeschäfts schnell verschleißt. Eines Tages freut man sich, daß die Technik besser ist, dann freut man sich, daß man in größeren Sälen sitzt, dann freut man sich, daß man in bequeme Sessel sinkt. Und plötzlich ist diese elende Ruhe im Kopf schon da.

HANS-DIETER SCHÜTT: Und auch Ihre Kinder haben immer mitgemacht?

REGINE HILDEBRANDT: Aber straff! Vor allem am Anfang, beim Verkaufen von Zeitungen. Ich besitze Fotos, wie sie mit einem Haufen Geld ankommen. Diese Bilder erinnern mich an die Berliner Domkantorei. Zu DDR-Zeiten hatten wir unsere Oratorien gesungen, uns war aber, wie ich Ihnen schon erzählt hatte, der

Verkauf von Karten verboten. Also arbeiteten wir mit Kollekte, und da habe ich schöne Fotos, wie wir Geld gezählt haben hinterher. Von der Bank hatten wir uns entsprechende Apparate geholt, um die Münzen einzurollen.

Also wie gesagt, unsere Kinder machten mit. Aber sich für die Jusos zu begeistern, da fehlte absolut die Lust. Komisch, wir haben immer gesagt, Mensch, macht doch da mal mit. Aber niemand hat angebissen. Das tut mir leid, ich denke, da könnte viel gemacht werden – aber wenn sie nicht wollen, akzeptieren wir auch das. Wenn ich unterwegs bin, am Wochenende etwa, und meine Kinder haben Zeit und Lust, kommen sie schon mal mit. Hinter dem, was ich in der Öffentlichkeit vertrete, stehen sie, ohne unkritisch zu sein. Meine älteste Tochter studiert Publizistik, sie ist wohl mit ihren 22 Jahren die kritischste aus der Familie. Die hört sich manches an und sagt sehr offen, daß ich zu diesem oder jenem Termin hätte gar nicht hinfahren sollen, daß da nichts 'rüberkam usw. Auch meine Jüngste hat ein Gespür gegen Floskeln, sowohl in der Kirche als auch im Staat. So etwas hatten wir ja lange genug. Kurz und gut: Die Glaubwürdigkeit, die Ehrlichkeit und Verbindlichkeit dessen, was man sagt, spielt bei uns in der Familie eine bestimmende Rolle; und meine Arbeit wird von den Kindern in einer Weise mitgetragen, die mich beglückt.

HANS-DIETER SCHÜTT: Haben Sie eigentlich noch Beziehungen oder Kontakte zu Ibrahim Böhme?

REGINE HILDEBRANDT: Nein, überhaupt nicht. Ich hab' ein gutes Verhältnis zu ihm gehabt, wir vertrugen uns gut miteinander; sehr zurückhaltend war er; aufgefallen ist mir, daß er die sozialen Komponenten des sozialdemokratischen Gedankenguts stets sehr betonte. Zum Schluß war er wohl sehr verletzt und hat sich zurückgezogen.

HANS-DIETER SCHÜTT: Hat Sie die Geschichte mit ihm, die Enthüllungen über seine Stasi-Tätigkeit, sehr erschüttert?

REGINE HILDEBRANDT: Gute Frage. Das hat mich sowohl bei Ibrahim Böhme als auch bei dem Schnur erschüttert. Ich begreife nicht, daß Menschen die Selbstverdrängung so weit treiben können, daß sie der Meinung sind, es sei nichts geschehen und auch die Umwelt verschließe wohl die Augen vor der Wahrheit. Wer belastet ist, muß sich so viel Würde bewahren, daß er sich zurückhält, politische Funktionen meidet und nicht etwa schon wieder mit dem Vertrauen der Menschen Schindluder treibt.

Es geht einfach nicht, daß man Kontakte zur Staatssicherheit verschweigt, und seien sie noch so harmlos gewesen. Wobei andererseits auch gefälschte Unterlagen vorliegen können. Ich muß gestehen, als ich in der Volkskammer und jetzt im Brandenburger Landtag überprüft wurde, war ich nicht frei von Befürchtungen, daß die Stasi vielleicht irgend etwas Fingiertes hineingefummelt haben könnte, mit dem man dann lebenslang zu kämpfen hat. Denn die haben betrogen, vorher schon, und warum sollten sie jetzt im nachhinein nicht auch noch solche Dinger gedreht haben. Deswegen war ich glücklich, daß nichts gefunden wurde.

HANS-DIETER SCHÜTT: Wie vollzog sich denn in Ihren Augen die Annäherung von Sozialdemokraten in Ost und West? Dem Herbst '89 folgte ja ein Frühling der Westparteien, die als Sieger gen Osten zogen …

REGINE HILDEBRANDT: Ich bin wahrscheinlich mit einem nötigen, immer wieder tröstlichen Maß an Naivität an die Aufgaben herangegangen. Meine Politikunerfahrenheit ist vielleicht mein größter Mangel, aber sie ist auch mein größter Antrieb. Sie ist Teil meines Selbstbewußtseins, und ich habe durchaus Furcht, daß Routine diese Naivität zerstört. Wohlwissend, daß es ja ohne Routine auch nicht geht. Also, Sie sehen mich fragend, zweifelnd. Für mich stellten sich die Unterschiede gar nicht so gravierend dar. Ich war der Meinung, daß das SPD-Gedankengut aktiviert und befruchtet werden kann, dadurch, daß große soziale Probleme auf uns Deutsche zukommen und gemeinsam gültige Lösungen gefunden werden müssen. Es war eigentlich klar, daß das für uns im Osten extrem schwierig würde, sagen wir mal, von Anfang des Jahres 1990 an. Nun geh' ich immer mit einem gesunden Optimismus an alles ran, und auch in diesem Fall dachte ich: Wir brauchen Hilfe, wir schaffen's hier im Osten nicht allein, und die Freunde aus dem Westen werden uns schon helfen, in einer Weise, die wirklich konstruktiv für uns ist. Ich bin ein Mensch, der schämt sich nicht für die Hilfe anderer, diesen falschen Stolz habe ich nicht. Und ich muß Ihnen im Gegensatz zu der Feststellung in Ihrer Frage sagen, die West-SPD war wirklich ein gutes Beispiel für eine Art von Hilfe, die fremdes Selbstbewußtsein nicht zerstörte, sondern förderte. Vielleicht ist auch das mal Stoff für die Geschichtsschreibung: Wie brach sich der Einheitsprozeß im Selbstverständnis der etablierten BRD-Parteien, inwieweit waren sie integrative, den Föderalismus praktizierende Gebilde, und inwieweit steigerten sie sich zu einer fatalen Ehrgeiz-Pose, die zur Kolonisation tendierte, wo aber feinfühlige Kommunikation nötig gewesen wäre? Da haben wir ja ganz Schreckliches im Zusammenstürzen der Länder erlebt; denken Sie an die Einflußnahme der CDU; Kohl hat erst mal seine Leute im Osten geradezu zusammengeprügelt. Die SPD ist da nachweislich sehr behutsam umgegangen mit uns. Möglicherweise zu behutsam. Wissen Sie, man denkt in solcher Lage, laßt alles sich entwickeln, wie es sich entwickeln mag. Aber: Da entwickelt sich nicht so sonderlich viel von allein – wenn eine völlig neue Partei aus dem Boden gestampft werden soll, mit all den erforderlichen Organisationsformen, dazu noch desolater Technik, mit Schwierigkeiten, die damit beginnen, nicht mal Räumlichkeiten zu haben, geschweige denn solche Leute, die Zeit, Nerven, Übersicht, politische Kaltblütigkeit besitzen, von den finanziellen Schwierigkeiten will ich gar nicht reden. Vielleicht hätte man von seiten der »Alt«-SPD sogar systematischer helfen müssen. Ham'se nicht, find ich auch prima. Zu Anfang hatte ich kaum Bedenken, daß wir uns etwa abschotten müßten, weil wir jetzt totgeliebt würden. Ich ließ nie davon ab: Das ist eine so schöne Sache, die da auf uns zukommt, wir werden jenes sozialdemokratische Grundlagengedankengut, das wir mit den Westlern teilen, neu überlegen und gemeinsam hier im Osten die sozialen Schwierigkeiten meistern. So gingen wir ran, so gehe ich eigentlich auch heute noch ran.

Brandenburg ist ein Flächenland. Ehe man da so in sämtliche Ecken gekommen ist, vergeht viel Zeit, da braucht es eine Menge organisatorischer Kraft. Wenn die Bundes-SPD uns hilft, Veranstaltungen vorzubereiten und sie dabei im Eifer des Gefechts und des Geschäfts mal wieder lokale Organisatoren nicht rechtzeitig mit einbezieht, sage ich immer, Leute, nehmt's doch nicht als Bevormundung, sondern als Hilfe, bei der auch nicht alles perfekt sein kann. Wir sind doch nicht im Treibhaus! Ich bin der Meinung, sie helfen uns, und sie wollen uns helfen. Aber ich bin inzwischen auch der Ansicht, daß man in der Zentrale etwas genauer die Systematik und Methodik dieser Hilfe steuern, leiten, kontrollieren sollte. Im Parteivorstand habe ich kürzlich für eine nächste Zusammenkunft die wirtschaftliche Lage in den Ost-Ländern, die soziale Problematik erst auf die Tagesordnung setzen müssen! Von allein tut sich da nichts. Was in den Ost-Ländern passiert, wird eben auch in der SPD meines Erachtens noch zuwenig selbstverständlich unterstützt. Jochen Vogel gab sich große Mühe, war hier im Land unterwegs, macht sehr viel. Björn Engholm kam in die Ost-Länder. Auch mit Blessing, dem Geschäftsführer, war ich in einigen Orten Brandenburgs. Die SPD-Spitze ist regelmäßig vor Ort, durchaus; wir hatten eine Parteivorstandssitzung im Reichstag, im Anschluß daran sind »die Chefs« in die unterschiedlichen Regionen gefahren. Aus Fürstenwalde hatte ich sofort eine positive Reaktion: »Pneumant« ging dort in die Pleite, da war einer vom Parteivorstand da, na, der war natürlich völlig von den Socken, was es so für Probleme gibt im Osten, und in welcher Ballungskraft, und er hat's mal hautnah erlebt, und siehe da: Aufgeschreckt, wie er war, initiiert er in Fürstenwalde eine wirtschaftspolitische Konferenz, um Investoren hinzubringen. So muß es sein, und deswegen sage ich, sie müssen noch mehr rüber zu uns kommen, noch weitaus deutlicher sehen, wie schwer das Leben hier ist.

HANS-DIETER SCHÜTT: Aber es blieb doch zunächst (und sie ist vielleicht jetzt noch partiell da) diese Distanz, dieser Herbst-Unterschied: Ost hier, West da.

REGINE HILDEBRANDT: Natürlich, wir wollen doch da nichts jubeln! Ich meine, es eröffnet sich für alle auf allen Gebiete, völlig anderer Erfahrungshorizont, und demzufolge ist auch für alle eine völlig andere Denkungsart nötig. Und das im deutschen Schnelldurchlauf! Der Berg von Problemen, der sich in Deutschlands Osten auftut, ist das eine; das andere ist das, was die westlichen SPD-Leute in den anderen, den alten Bundesländern zu leisten haben. Wir dürfen doch auch nicht so tun, als gäbe es plötzlich nur noch uns. Föderalismus bedingt Vielfalt. Da brauch' ich nicht zu fordern, daß alle gleich und alle vor gleichem Hintergrund Politik machen; nein, so nicht.

HANS-DIETER SCHÜTT: Nun macht die Politikmüdigkeit auch keinen Bogen um die SPD.

REGINE HILDEBRANDT: Stimmt. Es geht nicht vorwärts, die Leute sind politikmüde, sie haben keine Lust mehr. Die jüngsten Ergebnisse einer Frauenbefragung haben mich umgehauen. Im vergangenen Jahr wollten etwa 50 Prozent der Frauen gern irgendwo mitmachen, jetzt wollen es noch sieben Prozent. Vor einem Jahr waren 22 Prozent der Frauen in irgendwelchen Gremien drin, jetzt sind's noch vier Prozent. Die Politik- und Parteimüdigkeit macht mich in gewisser Weise ratlos. Aber ich muß ja auch zugeben, eine gewisse Abneigung gegenüber Parteien mußte erst überwunden werden. Für mich verursachten schon die Begriffe Partei und Genosse allergische Reaktionen. Daß ich mal selber in eine Partei eintreten würde, hätte ich nie gedacht. Partei, Parteiversammlungen – damit assoziierte ich bloß Montagabend. Wenn ich zu DDR-Zeiten zur Chorprobe gegangen bin, kamen uns immer die Genossen von ihren Versammlungen entgegen, hier in Berlin, aus dem Außenministerium und so. Da hatte ich über Jahrzehnte eine Aversion entwickelt, und selbstverständlich mußte ich die erst abbauen, als es an die Arbeit in der SPD ging. Und inzwischen sehe ich die Notwendigkeit von all dem ein, habe aber Verständnis für viele Leute, die sich eben nach wie vor gegen diesen Parteienkram sperren.
Gerade gegen diese Müdigkeit brauchen wir Leute, die mitmachen, und deswegen denke ich, es hat einen Sinn, wenn ich in

Brandenburg unterwegs bin und manchmal noch in anderen Bundesländern, und ich meine, daß dies auch für die West-SPD nötig ist. Die wissen nicht, wie es hier ist! Seinerzeit war von denen mal einer von zehn im Osten, weil er hier einen Bekannten gehabt hat. Einer von zehn! Und die neun anderen wissen überhaupt nicht, was hier los ist. Und demzufolge wissen sie natürlich auch nicht, wie gravierend der Zusammenbruch der Wirtschaft, wie das gesellschaftliche Umfeld beschaffen ist, wie groß die Schwierigkeiten sind und wie schwierig demzufolge die Umstellung der Menschen auf das neue Deutschland und damit verbunden die Bewältigung der Vergangenheit ist. Das müssen wir ihnen klarmachen! Dafür will ich schon einen beträchtlichen Teil meiner Kraft geben.

Hans-Dieter Schütt: Das klingt ja auch schon wieder etwas visionär.

Regine Hildebrandt: Visionen? Jetzt stehen ganz andere Aufgaben auf der Tagesordnung. Wir haben die Brandenburgische Verfassung, da stehen durchaus aufregende Dinge drin, Visionen. Denken Sie, ein Mensch nimmt überhaupt zur Kenntnis an der Basis, daß hier ein epochemachendes Werk, nämlich diese Verfassung erarbeitet wird? Daß wir als Parlament, bedingt durch unsere Herkunft, plebiszitäre Elemente drinhaben wollen, daß wir darüber eine Volksabstimmung haben wollen – denken Sie, da kümmert sich auch nur einer drum? Es war blamabel: die geringe Anteilnahme für die Diskussion in der Öffentlichkeit, die wenigen Meinungen, die überhaupt zu dieser Verfassung gekommen sind. Also mit Visionen bin ich momentan etwas vorsichtig. Vielleicht ist es besser, die mittelfristigen Dinge erst ins Zentrum zu rücken, das, was wir so schnell wie möglich erreichen wollen und müssen. Aus Trümmern wachsen keine Utopien; Krisen sind die Stunde der Pragmatiker. Wie ja überhaupt die Urheber revolutionärer Umwälzungen selten deren Vollstrecker und Nutznießer sind: Revolutionen verschlingen gemeinhin ihre Väter und Mütter. Gleichwohl wirken deren Gedanken fort, sei es auch nur im schlechten Gewissen der Praktiker.

Hans-Dieter Schütt: Weil wir über sozialdemokratisches Gedankengut redeten: Gibt es nicht von der Entstehungsgeschichte der Sozialdemokratie her doch Begegnungspunkte zwischen dem, was Kommunisten wollten und zwischen dem, was die Sozialdemokratie will? Haben Sie vielleicht eine Beziehung zu dem, was an der Quelle der Vereinigung beider Parteien stand?

Regine Hildebrandt: Auf diese Frage werden wir ja während unserer Gespräche auf die eine oder andere Weise immer wieder zurückkommen. Soweit es die soziale Gerechtigkeit und die weitgehende Gleichheit der Menschen und ihrer Entwicklungschancen innerhalb einer Gesellschaft betrifft, ist Kommunismus wirklich ein faszinierender Gedanke. Es ist nur im Moment so, daß wir uns als Sozialdemokraten erst einmal deutlich absetzen wollen von dieser verfehlten Form von Sozialismus in der DDR. Ich bin insofern im Umgang mit dem Begriff Sozialismus sehr, sehr vorsichtig. Wissen Sie, ich habe unter diesem System weiß Gott genug gelitten. Für mich ist auch jetzt nicht der Zeitpunkt, prononciert nach Gemeinsamkeiten mit den Kommunisten zu suchen. Das haben wir ja nun gelernt, daß Kommunisten und Sozialdemokraten sich eben nie einigen konnten, und selbst innerhalb der kommunistischen Bewegung gab es dauernd irgendwelche Unstimmigkeiten, die dazu beitrugen, daß Sozialdemokraten sehr mißtrauisch gegenüber den Kommunisten wurden. Ich bin aus dem Wissen um solche Erfahrungen nicht bereit, mich im Moment auf Sozialismus- oder Kommunismus-Elemente festlegen zu lassen.

Hans-Dieter Schütt: Betrifft das auch Ihr Verhältnis zur PDS?

Regine Hildebrandt: Ich rede nicht über einzelne Leute dieser Partei. Aber auch die PDS würde gut daran tun, sich zu sozialdemokratischen Zielen zu bekennen, innerhalb der Sozialdemokratie zu versuchen, sich Kräften gegenüber durchzusetzen, die das soziale Element in den Hintergrund drängen wollen. Es wäre viel nützlicher gewesen, wenn sich gutwillige, lernwillige Leute in der PDS bei der Sozialdemokratie eingegliedert und damit die Kraft einer gesellschaftlich wirksamen linken Bewegung gestärkt hätten. Ich hoffe immer noch, daß es Schritt für Schritt passiert.

Hans-Dieter Schütt: Eine ganz andere Frage: Wie ist eigentlich der DDR-Staatssicherheitsdienst Ihnen gegenüber aktiv geworden?

Regine Hildebrandt: Daß jemand versuchte, beispielsweise mit uns Kontakt aufzunehmen, uns gar anzuwerben – das habe ich nicht erlebt. Aber wir hatten mal einen Staatssicherheitskontakt, der war geradezu exemplarisch. Es ging darum, daß wir Besuch von einer befreundeten britischen Familie bekamen. Der Mann heißt Mark Brayne, jetzt bei der BBC, davor bei Reuter und Auslandskorrespondent in Wien. Als er in Berlin Korrespondent war, sang er mit bei uns in der Domkantorei, jahrelang. Eines Tages, wie gesagt, besuchte uns Mark mit seinen zwei Kindern und seiner Frau von Wien aus. Er reiste erstmalig über den Checkpoint Charly in die DDR ein. Die Kontrolle dauerte und dauerte, aber er selber hatte Osteuropa-Erfahrung, war auch Korrespondent in Moskau, kannte die Tricks, wie so etwas an der Grenze abläuft, und demzufolge war ihm klar, als sie nun endlich durchgehen durften, um am Sonntagnachmittag bei uns zu Mittag zu erscheinen: Es würde garantiert jemand hinterherkommen! Er sagte uns das auch sofort. Fatal war bloß, daß wir noch Freunde eingeladen hatten, und die kamen, zum Teil mit Autos, aus den übrigen Teilen der DDR und gerieten auf diese Weise denn auch ins Visier. Wir waren, wie so üblich bei uns, vielleicht 20 Leute zum Mittagessen und machten natürlich mit den vielen Kindern einen Spaziergang, im Zentrum, hin zu den Spielplätzen an der Spree. Ich sage Ihnen: wie im Bilderbuch! Wir machten bei uns im Haus die Tür auf, da kam gerade eine unbekannte Person von oben runter. Die haben geradezu Präsenz demonstriert, sie wollten klarmachen, also hallo, hier kann nicht einfach so ein ausländischer Korrespondent herkommen und sich mit Leuten treffen, ohne daß es gemerkt wird. Wir waren von einem Schwarm von Stasi-Leuten umgeben, und wie

das so ist, kann man sich ja ungefähr vorstellen: Wenn Sie mit
Kindern auf dem Kinderspielplatz sind und immer irgendwelche
unauffällige Herren hinter den Büschen hervorlugen oder rein
zufällig auf den Bänken herumsitzen. Auf dem Spielplatz! Es
war so verheerend dumm, daß die Kinder schon immer gesagt
haben: Guck mal, da sind sie ja wieder! Als wir zum Kaffee nach
Hause kamen, sah man von unserem Fenster, das hinten zur S-
Bahn rausgeht, wie die Leute sternförmig zusammenströmten.
So haben wir die Stasi erlebt, wir nahmen sie, ich muß das so sagen, nicht ernst.

Aber zum Beispiel Freunde von uns aus Angermünde, die mußten die Sache sogar sehr ernst nehmen: Die sind nämlich regi-
striert worden, weil sie durch den Besuch bei uns mit dem ausländischen Korrespondenten Kontakt hatten. Diese Meldung ist
so nach Angermünde gegangen. Und in so einer Kleinstadt ist
die Lage ganz anders als in Berlin. Die Sache hatte zur Folge,
daß unsere Freunde dort auf entsprechenden Listen standen,
während ihres Urlaubs ist in ihre Wohnung eingebrochen worden, ihnen wurden Wanzen ins Telefon eingebaut, sie sind bei
der besuchsweisen Ausreise nach Ungarn behindert worden.
Nur wegen dieses Theaters in Berlin hätten sie fast kein Visum
gekriegt, als wir einen gemeinsamen Urlaub in Budapest plan-
ten. Noch kurz vor der Wende erhielten wir mit der Berliner
Domkantorei die Möglichkeit, das erste Mal eine Reise nach
Holland zu unternehmen, und da sollte die Sängerin aus Angermünde wegen dieser blöden Sache damals die Ausreise nicht
kriegen. Die Kirche hatte sich dafür eingesetzt, daß alle vom
Chor auch wirklich mitfahren dürfen, aber den entsprechenden
kirchlichen Stellen war von der Staatssicherheit sofort der Hinweis gegeben worden: die aus Angermünde auf keinen Fall! Per
Telefon – mit Absicht! – baten wir Bischof Dr. Forck, er möge
sich einschalten und uns helfen. Das brachte tatsächlich Erfolg.
Als wir nämlich einen Termin zum Gespräch ausgemacht hatten, wußten die von der Staatssicherheit schon Bescheid. Tele-
fone wurden ja abgehört, sie wußten also von allen Kontakten,
die wir nach Angermünde geknüpft hatten, um die betreffende
Sängerin mitnehmen zu können. Und was für einen primitiven
Mist hat uns die Behörde zur Entschuldigung aufgetischt! Es sei

ein Versehen gewesen, und der Mitarbeiter, der den Vorgang bearbeitet hatte und die Sache in Ordnung bringen sollte, sei überraschend verstorben. Es hört sich im nachhinein alles so gesellig an, die Kinder erzählen sich das jetzt noch als eine Story, die zum Familienrepertoire gehört: Weißt du noch, die Stasi damals auf dem Kinderspielplatz ... Der Mark Brayne hat übrigens geknipst und versucht, die Schnüffler mit aufs Bild zu bringen. Da sind die wie die Bienen weggeflitzt, möglichst unauffällig, aber sehr deppisch. Aber ich muß sagen, daß das im Prinzip eine ganz bösartige Sache war. Ich will nicht die Erfahrungen bagatellisieren, die Menschen mit diesem Unrechtssystem machten und erleiden mußten. Ich denke da auch wieder an die ganzen Reglementierungen, die die Domkantorei erfahren hat.

HANS-DIETER SCHÜTT: Sie deuten es ja an: Man muß aufpassen, daß das Thema nicht ins Anekdotische gerät. In dem Zusammenhang zum Stasi-Gesetz und der Möglichkeit, an die eigene Akte zu gelangen. Wie groß bemessen Sie die Chancen, daß sich wirklich Gerechtigkeit einstellt, daß das Thema Schuld und Sühne würdevoll behandelt wird? Der Chef aller Akten, Gauck selbst, hat ja gewarnt und gesagt, Leute paßt auf, was ihr dort erfahren werdet, prüft vorher, ob ihr dem seelisch und physisch gewachsen seid!

REGINE HILDEBRANDT: Ich hab' es schon immer abwegig gefunden, daß Leute ihre Stasi-Akten einsehen wollen, um zu sehen, wer sie wann und wo in welcher Weise bespitzelt hat. Es ist doch klargeworden, daß die Bespitzelungen bis in die intimsten Dinge gingen und daß sie vor allem strotzen vor Halbwahrheiten und Unwahrheiten. Nein, da liegt kein Segen drauf. Das kann nicht sein, daß zum Frust, zur existentiellen Verunsicherung der Menschen jetzt auch noch dieses dazukommt. Daß bis in die Familien hinein nun dieses Gespinst aus Vermutung, Halbwahrheit, Gerücht und Verdacht ausströmt und die Atmosphäre vergiftet – das halte ich nicht für richtig. Ich hoffe, die öffentliche Nutzung und Anwendung der Akten hält sich in Grenzen. Aber das nur am Rande. Ich bin der Meinung, daß die Bewältigung der Vergangenheit differenzierter vorgenommen werden muß, und für diesen Klärungsprozeß war die Stasi-Diskussion im Landtag bei uns ein nützlicher Anlaß. Die SPD gent sehr behutsam vor bei der Beurteilung der Situation. Dabei war es für uns als Landtagsfraktion extrem schwer, mit dem Problem fertig zu werden: Wir waren davon ausgegangen, daß es keine Belastungen geben wird, aber auf einmal haben zwei Mitglieder des Landtages Akten. Der eine erklärt, daß er nie etwas unterschrieben hat und auch nichts von seiner »Benutzung« durch die Stasi wußte; nur im Rahmen, in dem es eben immer nötig war, Berichte zu Auslandsreisen an seine Vorgesetzten zu schreiben, hat er dies getan, zum Teil sprach er diese Berichte auf Tonband, mit Inhalten, die aber mit Denunziation nichts zu tun hatten. Der wußte gar nicht, daß er in einer Akte geführt wurde, demzufolge konnte er auch vorher niemandem berichten, daß er mit der Stasi zu tun hatte. Es kann auch nicht sein, daß einer, der die ganze Zeit durch die Stasi beschattet und von ihr gequält, von dem System in seiner Tätigkeit bedrängt wurde, und der nun versucht, etwas Neues aufzubauen, sich einsetzt mit seiner ganzen Kraft für den Aufbau neuer Strukturen – daß der jetzt im nachhinein noch einmal vernichtet wird. Oder der andere Fall: In Dunkelhaft wurde ihm eine Unterschrift abgepreßt, als er wieder draußen war, hat er systematisch gegen die Staatssicherheit gearbeitet. Berichte lieferte er nur über wirtschaftliche Schwierigkeiten, er warnte sogar jemanden, der daraufhin nicht eingesperrt wurde, sondern fliehen konnte – und jetzt wird auch ihm der Neubeginn in der zweiten Hälfte seines Lebens zunichte gemacht.

HANS-DIETER SCHÜTT: Aber ist das Gesetz zur Öffnung der Stasi-Akten nicht ein Gesetz, das der Intention des Volkes folgt?

REGINE HILDEBRANDT: Siehe Bundestagswahl: Der Wille des Volkes war ja wohl eindeutig, daß Kanzler Kohl seine Versprechungen wahr macht, daß es nunmehr keinem schlechter gehe, sondern allen besser, und daß die CDU, die ja immer identifiziert wird mit dem Kapital, tatsächlich die nötigen Investitionen im Osten betreibt und so die Wirtschaft in Schwung bringt. Aber man sieht, was rausgekommen ist mit Volkes Wille. Das heißt:

Wichtig für Mehrheitsentscheidungen in einer Bevölkerung ist, welche Argumentation vorher erst einmal zum Meinungsfindungsprozeß vermittelt und welche Konsequenzen der Bevölkerung klargemacht werden, damit sie eine Entscheidung trifft, die auch wirklich ihrem Willen entspricht. Zum Willen gehört Wissen!

Hans-Dieter Schütt: Das Syndrom Staatssicherheit wird noch für längere Zeit in diesem Volk wirken. Es gibt Diskussionen: Amnestie oder absolute Entstasifizierung? Die Extreme prallen aufeinander. Wo glauben Sie, könnte ein Lösungsweg für die Aufarbeitung des Problems sein?

Regine Hildebrandt: Diejenigen, die bespitzelt wurden, müssen die Sicherheit haben, daß sie in einem Rechtsstaat leben und daß so etwas, was sie erlebten, nicht mehr möglich ist. Mit gesetzlichen Grundlagen, durch vielfältige Kontrolle unterschiedlichster Initiativen und Bürgerbewegungen, inklusive kritischer Medien, muß in der Bundesrepublik eine unantastbare Sicherung der persönlichen Integrität gegeben sein. So daß die Verunsicherungen und die Verletzbarkeiten, die sich durch DDR-Erfahrungen gebildet haben, langsam vernarben. Die andere Frage ist: Welche alten Strukturen existieren möglicherweise noch in den neuen Ländern? Man merkt ja oft erst durch Nachforschungen, wo überall sich alte Truppenteile neu konsolidieren, in der Wirtschaft, bei denen, die sich selbständig gemacht haben, bei der Verschaukelung von Grund und Boden. Mich hat sehr empört, daß bei uns in »Neu-Venedig«, in dem Lauben- oder Wochenendgelände, auf einmal eine wunderbar ausgebaute Anlage zu sehen war. Da wußte ich gleich, hier kann was nicht stimmen. Oder wenn Sie am Flakensee ein Waldgelände haben, zwischen Woltersdorf und Erkner, wo normalerweise nicht gebaut werden kann – und auf einmal entstehen da mitten im Wald Laubengelände, kleine Wochenendhäuschen und so. Da muß Justitia ran! Aber die Mehrzahl der ehemaligen Stasi-Mitarbeiter muß man meines Erachtens unter anderem Blickwinkel sehen. Es gibt so viele Menschen, die unter Druck gesetzt und ausgenutzt wurden, Menschen, denen die Mitarbeit in solchen Einrichtungen widerlich war, die aber aufgrund persönlicher Konstellationen erpreßbar geworden sind und die deswegen nicht rauskonnten. Es gibt eine Unzahl von Leuten, davon bin ich fest überzeugt, die überhaupt nicht bespitzeln wollten, die dazu genötigt wurden und bei ihren Berichten und Informationen im Blick hatten, daß sie möglichst niemanden belasten. Deshalb ist eine Pauschalverurteilung sehr gefährlich. Wir leben zusammen mit denjenigen, die in der DDR für diesen Staat gearbeitet haben, offiziell oder inoffiziell, und wir müssen auch weiter mit ihnen leben. Diese Leute sollten ein Empfinden dafür bekommen, daß sie etwas falsch gemacht haben, aber sie müssen wieder einen neuen Lebensanfang finden dürfen. Sie sollten die Chance haben, auch sich selbst ein neues Wertesystem aufzubauen. Das geht nur mit der Toleranz der anderen. Andererseits: Der Frust und die Abwehr der Menschen sind eben auch zu begreifen, und dieser Frust ist berechtigt. Eine Ausgrenzung freilich darf nicht stattfinden. Beispielsweise ein Fall aus dem Kreis Bernau. Dort hat ein Stasi-Mitarbeiter gleich von Anfang an gesagt, er geht als Krankenpfleger ins Altenheim. Nun ist er seit über einem Jahr tätig, ein engagierter Mensch, dessen Arbeit für ihn spricht. Er macht tatsächlich die dreckigsten und mühevollsten Arbeiten, gibt sich Mühe; da, denke ich, kommt keiner auf die Idee, den rauszuschmeißen. Es ist eine beiderseitige Angelegenheit – derer, die betroffen sind, und derer, die eine Art »Bestimmungsarbeit« zu leisten haben. Und: Es muß alles vor Ort gelöst werden. Die Bereitschaft der Täter ist gefordert, sich nicht schon wieder nach lukrativen Posten zu strecken, sondern durch Mitarbeit an der Basis wiedergutzumachen. Sonst geht der Frust weiter.

Hans-Dieter Schütt: Meinen auch Sie, daß die gesamte Bürgerbewegung wirklich durchwandert, fast gesteuert gewesen sei von Staatssicherheit?

Regine Hildebrandt: Nein, das ist wohl übertrieben. Aber ich bin der festen Überzeugung, daß sie – wie überall – ihre Leute auch bei uns drin hatten, und gewisse Entscheidungen sind durchaus von ihnen beeinflußt worden. Das MfS wird an verschiedenen Stellen die Erneuerung verhindert und vieles modifiziert haben, was in tatsächlicher Bürgerbewegung gewachsen war.

Hans-Dieter Schütt: Haben Sie eigentlich noch Erinnerungen an die SED-Leitungen in Ihrem früheren Betrieb?

Regine Hildebrandt: Ich kenne aus meiner Berufstätigkeit viele SED-Leute, die für mich diskutable Partner waren. Immer gab es so'ne und solche. Wir haben auch bei uns in Brandenburg in der PDS-Fraktion konstruktive Leute, gerade Sozialpolitiker, so daß ich nur sagen kann: Wenn man Menschen beurteilt, sollte man genau hingucken, um wen es sich handelt. Wie haben Menschen sich tatsächlich benommen, was taten sie, nur das kann das Kriterium sein. Es gibt Bürgermeister, PDS-Bürgermeister, früher SED-Bürgermeister, die mehrheitlich gewählt worden sind, zu denen die Dorfbewohner stehen, der hat schon immer ehrlich gearbeitet, der hilft uns auch heute wieder, das ist in Ordnung. Andererseits muß ich sagen, wer leitende Funktionen in den DDR-Parteien hatte, wer etwa Parteisekretär war über lange Jahre, der sollte, etwa im öffentlichen Dienst, sehr vorsichtig mit sich selber sein. Wer in solchen Stellen täglich wirklich frei zur Arbeit gehen kann, der soll es tun. Wer das nicht kann, wer sich immer belastet fühlt, der sollte genügend Stolz haben, sich zurückzuhalten. Denn ich will ja nicht den Eindruck erwecken, als ob alles in bester Ordnung sei und im Prinzip alle Opfer waren. Es gibt nach wie vor im Osten starrsinnige Verbindungen alter Provenienz, das ist schon zum Verrücktwerden. Es kommt zu oft vor, daß diejenigen, die früher die Leitungspositionen in der Industrie hatten, jetzt die schnellsten Marktwirtschaftler werden und somit wieder diejenigen sind, die nun nach anderen Richtlinien, aber mit der gleichen Konsequenz und Unbarmherzigkeit gegen die Leute vorgehen. Das darf nicht sein. Dagegen muß etwas getan werden. Bloß, ich sage das oft den Betriebsräten und den Belegschaften: Da können wir nichts dagegen tun vom Ministerium aus, das kann die Regierung nicht bewerkstelligen. Das muß geleistet werden von den Menschen vor Ort, die das mit Erfahrung belegen können. Es kann nicht so sein, daß alle wie Phönix aus der Asche gewandelt aufsteigen, wie etwa die CDU im Osten. Da bin ich schon verblüfft über so manchen Wendehals.

HANS-DIETER SCHÜTT: Was denken Sie in dem Zusammenhang über den Tribunal-Plan Friedrich Schorlemmers und Wolfgang Ullmanns? Sehen Sie einen Sinn in einer moralischen »Gerichtsbarkeit« zur Bewältigung von DDR-Geschichte?

REGINE HILDEBRANDT: Wir können nicht den Schwamm darüber decken und sagen: Der Fall ist erledigt. Anhand von Fakten, die uns zugänglich sind, müssen wir ein Bild zusammensetzen, das die tatsächlichen politischen Verhältnisse in der DDR aufdeckt. Es muß auch einen Weg geben, gerade in einem System der parlamentarischen Demokratie, wie es die Bundesrepublik darstellt, um die Handlungsweisen von einstigen DDR-Spitzen zu beurteilen. Denn die Vorstellung, »Ossis« sollten nur mit »Ossis« gemeinsame Vergangenheit bewältigen, halte ich für Unsinn. Das geht nicht. Wir sind ein vereinigtes Land. In der Bundesrepublik hat man erleben können, wie schwer es seinerzeit fiel, mit den Nazi-Verbrechern gegen die Menschlichkeit fertigzuwerden. Dort kriegen deren Witwen nach wie vor die hohen Renten, Aufarbeitung fand tatsächlich nicht statt. Aber wir verfolgen jetzt die gleiche Methode! Wie können wir Armisten, die an der Grenze Leute getötet haben, vor Gericht verurteilen, wenn es uns nicht gelingt, diejenigen, die die nötigen Befehle dazu gaben, ebenfalls zu schnappen? Das kann doch wohl nicht sein. Es geht nicht, jetzt einfach zu meinen, wir leben in der Bundesrepublik, nun gelten andere rechtsstaatliche Grundsätze, und nach denen müssen die »hohen Tiere« eben freigelassen werden. Bleibt das so, ist mit diesem Rechtsstaat etwas nicht in Ordnung.

HANS-DIETER SCHÜTT: Nun geht's ja Schorlemmer vor allem um Leute, die gerichtlich nie geahndet werden können, die aber ihre Verfehlungen bekennen sollen, damit wir Einblick erhalten in die Mechanismen eines solchen Staates wie der DDR?

REGINE HILDEBRANDT: Ja, werden denn in solchen öffentlichen Sitzungen Menschen ehrlich erzählen, was sie im ehemaligen System getan haben? Werden sie's wirklich tun? Jeder rechtfertigt sich ja bloß. Es ist eben vielleicht auch alles eine Frage, wie man das gestaltet. Wenn es gelingt, im Rahmen der Bearbeitung von Vergangenheit neue Akzente für künftiges gemeinsames Leben zu setzen, dann würde ich das gut finden. DDR-Bewältigung nicht bloß als Aburteilen und Diskretitieren – das wäre schon eine Überlegung wert. Das aber ist genau das Schwierige. Es fängt alles mit der Frage an, wer sitzt gleichsam am Richtertisch? Ehemalige Ostdeutsche? Westdeutsche? Das Wort Tribunal ist schon äußerst ungünstig. Das klingt nach Pranger. Man müßte eine Form finden, bei der die Menschen einfach beginnen, von sich aus über sich selbst zu erzählen. Man muß eine gesamtgesellschaftliche Atmosphäre schaffen, in der die Menschen bereit sind, sich die belastenden Dinge von der Seele zu reden. Sie müssen es wollen. Das wäre das Richtige, das wäre mir das liebste.

HANS-DIETER SCHÜTT: Reden über die Schuld als eine Chance, sich von Schuld seelisch zu befreien – diese Methode würden Sie also auch für richtig halten?

REGINE HILDEBRANDT: Seelische Befreiung ja, aber freilich nicht nur. Selbstverständlich brauchen wir Justitias Urteil, soweit es rechtsstaatlich möglich ist. Da muß Kraft investiert werden; wir brauchen strafrechtliche Verfolgung und damit ein möglichst effektives Ausgleichen der Ungerechtigkeiten, die unter DDR-Vorzeichen passiert sind. Das sagte ich ja vorhin schon deutlich: Um die Wende rum und davor – da muß soviel wie nur irgend möglich gutgemacht werden. Beispiele habe ich genannt, ich will noch eins erwähnen: Einen Brief, den ich gekriegt habe, von einem Menschen, der jetzt in den Alt-Bundesländern arbeitet, aus der Rathenower Gegend, der damals als Selbständiger per Republikflucht das Land noch verlassen konnte – weil Leute aus Staatssicherheit und SED-Leitungen hinter seinem Grundstück her waren, da liefen Machenschaften, um ihn zu belasten, so nach dem Motto: Einmal Stasi-Durchsuchung – nichts gefunden; das zweite Mal Stasi-Durchsuchung – da haben sie endlich das gefunden, was sie vorher selber hingepackt haben. Auf solche Art wurden Leute damals wirklich unter Druck gesetzt. In den letzten Jahrzehnten war es vielleicht günstiger, aber wir haben auch ganz andere Zeiten erlebt. So hat er es eben erlebt, jener Mann, er ist geflohen; und jetzt kriegt er schon wieder bösartige Briefe, die drohen: Wenn er Rückforderungsansprüche stelle, könne er sein blaues Wunder erleben. Also, verstehen Sie, so darf's nicht sein! Da muß gesetzlich, juristisch Gerechtigkeit her, spät zwar, aber unumkehrbar. Da, wo es sich um viele Fälle von Opportunismus handelt, auch um Überzeugung, jawohl, dort ist eine andere Aufarbeitung nötig; wir müssen uns klarmachen, wie kam es dazu, wie hat sich wer unter bestimmten Bedingungen weshalb verhalten, wie werteten wir die Dinge damals, wie werten wir sie heute. Das ist ein großer Unterschied. Wenn Sie an Hermann Kant denken, seine geschwätzig-pfauenhafte Selbstabrechnung, die mehr unablässigem schriftstellerischem Ehrgeiz als ehrlich empfundener Scham folgt. Nein, Scham ist das nicht, ich bitte Sie, dazu verhält sich der Mann viel zu ironisch! Wer ironisch ist, steht über einer Sache, und genau das steht einem wie Hermann Kant nicht zu. Ich merke nicht, wie der Mann sich quält. Es geht um Sachen, bei denen man im nachhinein nur sagen kann: Es darf doch nicht wahr sein, was da passiert ist! Den Mann von Christa Wolf haben sie aus der Partei ausgeschlossen, weil sie nicht drucken wollten, was seine Frau geschrieben hat. Solche Dinge muß man klar analysieren; was man juristisch nicht ahnden kann, muß eben vor eine Art moralisches Gericht. Ich würde mir übrigens wünschen, daß die Westdeutschen Lust hätten, die DDR-Geschichte als einen, wenn auch verzerrten, Spiegel der eigenen Geschichte zu begreifen. Die Frage ist, ob wir verurteilt sind, bundesdeutsche Geschichte im Zeitraffer zu wiederholen, oder ob in der Art, wie wir uns dieser Geschichte stellen, auch den Westdeutschen ermöglicht wird, einen Schritt in der eigenen Geschichtsverarbeitung zu gehen. Indem wir es anders machen als die Westdeutschen nach '45. Unstrittig ist darin auch ein Impuls für die Westdeutschen, sich mit dem Alltag von Opportunismus, Unterwerfung, Entmoralisierung von Politik noch einmal auseinanderzusetzen. Das könnte dann wirklich noch einmal zu einer gesamtdeutschen Sache werden.

Hans-Dieter Schütt: Das bringt mich noch einmal auf einen der Anfangsgedanken unseres Gesprächs: Wenn die gemeinsame kritische Sicht auf die Entwicklung in der DDR, überhaupt in Deutschland, nicht gefördert wird, bleibt am Ende eben doch nur dieses gnadenlos deutsche Gefühl, uns gehe es mal wieder mächtig gut.

Regine Hildebrandt: Die Fragestellung ist mir sehr suspekt, geradezu fatal. Aber sicher, irgendwie bedrückt es mich schon, daß es in der Umbruchsituation, nach dem Zusammensturz des kommunistischen Systems, dem Kollaps der Planwirtschaft und nun inmitten der Schwierigkeiten beim Gestalten der Marktwirtschaft, daß es in dieser Situation enormer wirtschaftlicher und sozialer Verwerfungen im Ostblock uns Deutschen wieder am besten geht. Angesichts dessen sollten wir auch unsere Neigung zum Selbstmitleid zügeln. Diese Neigung und unsere Selbstüberhebung – das sind zwei furchtbare deutsche Angewohnheiten. Ich finde, der ach so traurige Blick nach dem Osten und das Eingeständnis, daß es uns wieder mal besser geht, nützen wenig, wenn nicht politische Entscheidungen getroffen werden, die ein solches Empfinden in vernünftige Aktionen einmünden lassen. Dabei sind große Perspektiven ebenso ins Auge zu fassen wie sofortige kleine Schritte. Ich habe zum Beispiel an der Einweihung eines Bildungszentrums in Teltow teilgenommen, wo die Elektronikindustrie dramatisch zusammengebrochen ist, wir haben im GRW Teltow einen Bildungsverband in Trägerschaft der Industrie- und Handelskammer Potsdam einweihen können, wo 600 Ausbildungsplätze zur Verfügung stehen, nicht nur für Auszubildende, sondern auch für die Umschulung und Ausbildung von sowjetischen Offizieren und Soldaten – und zwar an modernen Siemens-Computern, die bereits mit kyrillischer Tastatur ausgerüstet sind. Der erste Kurs mit 26 Ausbildungsplätzen läuft, und wir wollen versuchen, in Brandenburg eine solche Computerausbildung an zwei weiteren Stellen zu installieren, die Erstausbildung, Fortbildung und Umschulung verbindet. So was verknüpft Arbeitsplatzerhaltung bei uns mit einer Möglichkeit unmittelbarer Hilfe für Osteuropa, für die Soldaten und Offiziere, die zurückgehen nach Rußland oder anderswohin, aber vorher hier bei uns noch qualifiziert werden. Fand ich eine ganz prima Idee. Genauso machen wir es auch in Guben und Forst durch Kombination von Erstausbildung für polnische und deutsche Lehrlinge, durch Kombination von Fortbildung und Umschulung für polnische und deutsche Frauen. Das ist absolut keine umfassende Lösung für dieses Problem, aber an kleinen Schritten kann man den Anfang darstellen und sichtbar machen, daß es vorwärts geht. Freilich muß Hilfe der Reichen für die Armen noch eine ganz andere Dimension bekommen. Trotz unserer eigenen wirtschaftlichen Notsituation: Im Ost-West-Ausgleich versuchen wir, unser Möglichstes zu tun, indem wir etwa für über eine Million Mark Hilfsprodukte an den medizinischen Bereich nach Bulgarien geschickt haben, auf Bitte hin jetzt auch nach Lettland. Vielen ergeht es so bitter, und deswegen ist es richtig, wenn wir einfach versuchen, ohne viele Worte zu helfen. Das gleiche gilt für die Kurdenhilfe. Ärzte und Schwestern von uns waren dort, wir wollen nach genauerer Kontaktaufnahme im Krisengebiet eine orthopädische Werkstatt installieren, hier bei uns Arbeitskräfte ausbilden, in Teltow und Potsdam. Vor Ort helfen, gleichzeitig die Leute ausbilden, wirtschaftlichen und medizinischen Kontakt halten, das sind so kleine Beispiele. Im Teltower Raum, wo wir im Moment gerade so viele Schwierigkeiten haben mit Arbeitsplätzen, gibt es eine ABM-Initiative, bei der Fahrräder aufgemöbelt werden, Krankenhausbetten, Nähmaschinen – nachdem das alles durch die Hände der dort Beschäftigten gegangen ist, sehen die Dinge praktisch aus wie ladenneu. Per Container werden die Sachen nach Afrika gebracht, wo sie in einer vernünftig organisierten Form zum Beispiel Familien zur Verfügung gestellt werden. Wir wissen, daß so eine Nähmaschine zur Herstellung von Kleinprodukten aus einheimischen Materialien die Existenz ganzer Familien ermöglichen kann. Dies ist ein besonders günstiges Beispiel, weil hier drei Aspekte verwirklicht sind: Durch ABM kriegen unsere Leute erstmal Arbeit, zweitens sorgen sie, und zwar begeistert, für eine sinnvolle Aufarbeitung von Material für die Dritte Welt, die

Zweidrittelwelt, und kriegen damit, wenn sie's nicht schon haben, ein Verhältnis zu den dortigen Problemen und zur Verantwortung und zur Chance, persönlich helfen zu können. Und drittens ist es so, das habe ich im EAW erleben können, daß die Arbeiter außerdem ihre Umgebung beeinflussen, indem sie selber Nähmaschinen, handwerkliches Gerät und Landwirtschaftsgerät sammeln. So sensibilisieren sie andere Menschen für unaufwendige Möglichkeiten der Solidarität. Denken Sie an den Umweltschutz, die Grünen, denken Sie an Greenpeace, denken Sie auch an die Frage der Friedenspolitik. Dieser Wandel im Denken ist auch in bezug auf die Probleme Osteuropas und der Dritten Welt inzwischen in einem Maße vollzogen worden, daß die Öffentlichkeit es den Politikern nicht mehr gestattet, dieses Thema ungestraft in den Hintergrund zu drücken.

HANS-DIETER SCHÜTT: Gibt es da Unterschiede auch innerhalb der Parteienpolitik, die die SPD betreibt – im Gegensatz zu dem, was regierungsoffiziell betrieben wird? Mit anderen Worten: Fühlen Sie sich auch in dieser Thematik als Partei in der Opposition?

REGINE HILDEBRANDT: Ja, schon. Es wird viel geredet und wenig getan. Das ist das Schlimme. Wir hatten in Potsdam einen Dritte-Welt-Tag, der noch mal verdeutlichte, daß die Sensibilität der Politiker für wirklich entwicklungsfördernde Konzepte noch zu gering ist. Es war auf der Veranstaltung davon die Rede, daß beispielsweise bei Kabinettsvorlagen nicht bloß jedesmal mitgeteilt werden müßte, was ein bestimmter Finanzposten für Auswirkungen auf die Politik aller Bundesländer, auf die europäische Politik hat, sondern eben auch, welche Folgen er für die Dritte Welt nach sich zieht. Wenn dies bei jeder Maßnahme mit beachtet werden würde, stiege bei den Regierenden das Gespür für eine wirklich menschliche, weniger parteienegoistische Politik. Nun ist es ein großes Wort, das ich da gelassen ausspreche, denn auch im Brandenburger Kabinett ist diese Zuarbeit bei einer Kabinettsvorlage nicht üblich. Ich will bloß sagen, die Notwendigkeit globalen Denkens gerade bei der Bundespolitik ist schon lange gegeben, aber sie wird noch immer nicht ausreichend beherzigt.

Hans-Dieter Schütt: Frau Hildebrandt, Sie haben vorhin während unseres Gesprächs schon einmal davon geredet, daß Leben in der DDR auch Deformationen bedeutet habe. Was halten Sie von dem Satz des Psychologen Hans-Joachim Maaz, der sinngemäß sagt, *alle* DDR-Leute seien letztlich in allen Lebensbereichen total deformiert worden?

Regine Hildebrandt: Ich habe vorhin schon, als ich das mit der Deformation sagte, das Gefühl gehabt, ich müsse da etwas relativieren. Es ist einfach so, daß der Erfahrungshintergrund, über den die Menschen hier verfügen, ein völlig anderer ist und zu dem neuen System, in dem wir jetzt leben, nicht paßt. Wir sind einfach anders, und wir sind schon immer anders gewesen. Deformation als Hauptphänomen für die Bürger des Ostens? Das würde ich eigentlich bei tieferem Nachdenken verneinen. Ich denke nur an die vielen positiven Aktivitäten in den Friedens- und Öko-Gruppen, und wieviel positives und menschliches Handeln gab es in den Arbeitskollektiven, in diesen komischen »Kollektiven der sozialistischen Arbeit«? Im Anschluß an das Interview mit Günter Gaus im Fernsehen »Zur Person« bekam ich viele Briefe von Menschen, die mir schrieben: Ja, wir hatten unsere Gestaltungsmöglichkeiten, außerhalb von Bespitzelung, außerhalb von politischer Indoktrination. Und so was sagt mir immer wieder, daß dieses Phänomen der Deformation, das es natürlich gab, dennoch nicht das Bestimmende in der DDR war und auch nicht die Mehrheit der Leute tatsächlich betroffen hat. Das Kollektivleben zum Beispiel empfand ich als Form des Drucks, es war ja auch das Ziel staatlicher Lenkung, daß der Mensch diesen Druck spürt. Daß er ihn sogar verinnerlicht. Ich denke nur an diesen unsäglichen sozialistischen Wettbewerb »Sozialistisch arbeiten, sozialistisch lernen, sozialistisch leben!« Nun gut, das machte man mit, und es hatte trotzdem sein Gutes: Kulturelle Veranstaltungen, Zirkel wie etwa Zirkel Schreibender Arbeiter, Betriebsfestspiele, ja, wirklich viel Gutes gab es, wenn es einem gelang, die Möglichkeiten auszunutzen, sie von ihrer ideologischen Hülle zu befreien. Es erwies sich als ohne weiteres möglich, daß, wenn einem das alles nicht lag, man nach der Dienstzeit nach Hause gehen konnte, ohne persönliche Nachteile in Kauf nehmen zu müssen. Ich arbeitete ja in der Zentralstelle für Diabetes, 120 Leute insgesamt hatte unsere Abteilung, das Labor umfaßte so zwischen 30 und 40 Leute, ein relativ großer Teil, und ansonsten eben 'ne ganze Reihe von Ärzten, Fürsorgerinnen und Schwestern. Die SED-Parteigruppe, die war relativ klein und störte kaum. Im Labor selbst hatten sie überhaupt keinen Genossen, der da irgendwie aufgefallen wäre. Zeitweilig waren wir gänzlich parteilos. Mal hatten wir jemand von der SED drin – die eine war doch relativ asozial, und die andere ist ausgetreten, also da war kaum was. Bei uns handelte es sich gewissermaßen um eine Gruppierung, die nicht oppositionell war, normale mittlere Intelligenz, verantwortliche Leute, die nicht alles mitmachten, aber auch keinen aktiven Widerstand betrieben. Klar, daß später viele beim »Neuen Forum« arbeiteten und dessen Dokumente unterschrieben. Über die FDGB-Gruppe versuchten wir, in die Gewerkschaft Erneuerungsgedanken hineinzubringen; als nichts lief, stornierten wir komplett die Zahlung von Beiträgen und traten weitgehend alle aus. Nein, für mich sind die Nischen und das Leben, das sich dort entwickelte, kein Zeichen von Deformation. Dort geschah persönliches Leben eben ausgeprägter, intensiver als in der Öffentlichkeit. Die Nischen waren für die psychische Stabilität der Leute ganz entscheidend. Freilich sind sie keine an sich normale Erscheinung des Lebens im ausgehenden 20. Jahrhundert, sie bildeten sich wegen des Systems, wegen der Tatsache, daß viele Menschen nicht systemkonform waren und sich in den öffentlichen Geschäften des Staates nicht wiederfanden. Insofern ist das politische Grundmuster, das zu Nischen führte, ein Zeichen von Deformation, das stimmt durchaus. Aber die Nische selbst war ein Widerhaken gegen die drohende Deformation »draußen«. Was ich persönlich an Beziehungen im alten System aufbauen konnte, hat gerade jetzt seine positiven, konstruktiven, stärkenden Aspekte und Folgen. Ich möcht's mal an einem anderen Beispiel sagen: In einer Zeit der gemeinsamen Not, zum Beispiel in der Nachkriegszeit, entwickelte sich eine Form von Solidarität, die normalerweise in Wohlstandszeiten nicht denkbar ist. Insofern war die gesamte DDR ein Gebiet relativen Notstandes, relativen, betone ich. In den fünfziger Jahren erwies sich die exi-

stenzielle Bedrohung sogenannter Andersdenkender sicher sogar größer als im letzten Stadium der DDR; aber eine einmalig
erfahrene, sich im Gedächtnis eines Volks festsetzende existen-
zielle Bedrohung, selbst wenn sie ein wenig abgebaut wird,
wirkt für alle Zeiten und zu jeder Gelegenheit, auch wenn man
sich dessen selbst vielleicht gar nicht so eindringlich bewußt ist.
Jeder Rentner ging zur Wahl, weil er wußte, es kann ihm ohne
weiteres passieren, daß er eben doch bespitzelt wird und hinterher seine Westreise nicht mehr kriegt. Das ist bestimmt nicht immer der Fall gewesen, aber der Gedanke schwebte als eine mögliche, schreckliche Variante über allem. Man gab sich freiwillig
in die Hände des Systems. Die negativen Indikationen der Gesellschaft führten im Denken der Menschen ein gewisses Eigen-
leben – auch wenn die Normalität vielleicht gar nicht so war,
wie man befürchtete und sich vorsorglich verhielt. Also: Wir hatten ein System, in dem sich zumindest der Wohlstand der meisten nicht extrem von dem der weniger Bemittelten im Lande
unterschied, im Gegensatz übrigens zu den Alt-Bundesländern,
wo die Schere zwischen Arm und Reich weitaus größer ist. Dieses durchschnittliche Wohlstandsniveau für alle auf einem nied-
rigen Niveau bewirkte ein insgesamt größeres Solidarverhalten
der Leute untereinander. Und auch das, glaube ich, ist ein Argument gegen die Behauptung übergreifender, alles umfassender
Deformation.

HANS-DIETER SCHÜTT: Wie erlebten Sie eigentlich die Wende im
Arbeitskollektiv?

REGINE HILDEBRANDT: Relativ schnell begannen wir mit der Erneuerung innerhalb unseres Hauses. Im Januar 1990 führten wir
Betriebsratswahlen durch, auch ich kandidierte, wurde gewählt
und sogar Vorsitzende. Damals gab es noch keinen Personalrat;
Betriebsrat war das einzige, was möglich war. Der Wahl ging
eine sehr offene und kritische Auseinandersetzung voraus. Wobei wir, wie gesagt, kein Ort großer Konfliktfelder waren. Die
Zentralstelle für Diabetes hatte über fast 20 Jahre einen parteilo-
sen Leiter, ihm folgte ein ebenfalls parteiloser Wissenschaftler,
der sich aber, so glaube ich, schon bei den Vorbereitungsgesprä-

chen mehr oder weniger verpflichtet hatte, hinterher in die SED einzutreten, was er denn auch tat. Wir besaßen also einen breiten Bewegungsspielraum, den wir nutzten, um auch im Rahmen des sogenannten, schon erwähnten sozialistischen Wettbewerbs etwas wirklich Vernünftiges zu tun. Ich selbst wirkte da immer maßgeblich mit, weil ich eben immer so furchtbar viele Ideen habe und sie gern umsetzte. Nie machten wir Sachen, die uns nicht paßten, Demonstrationen oder so. Aber Kinderfeste organisierten wir, Bastelveranstaltungen fürs ganze Haus, Ostereier-Batiken ... na, Sie wissen schon. Zu Weihnachten bereiteten wir mit den Kindern des Hauses Weihnachtsgeschenke vor, es gab zudem Sommerfeste, in der Nähe stand das Haus der Jungen Talente in der Klosterstraße, wir nutzten es für Veranstaltungen. Eine Kollegin von mir war aktive Tischtennisspielerin, also kamen Turniere auf den Plan. Einmal im Jahr fand eine Exkursion zu fachlich-kompetenten Einrichtungen statt. Den legten wir immer auf einen Freitag und kombinierten diese Exkursion mit einem Wanderwochenende. Etwa: Fahrt vom Kinder-Diabetiker-Heim in Putbus quer durch Rügen, mit Sammeln von Materialien, Besichtigung des Königsstuhls, Gitarre über die Schulter und ab! Ach, den Kunstgewerbezirkel hätte ich fast vergessen, im Haus der Jungen Talente. Das war auch 'ne sehr schöne Sache. Wissen Sie, so was bräuchte man jetzt. So was dürfte nicht kaputtgehen. Man saß am Nachmittag oder am Abend zusammen, gestaltete künstlerische Sachen und unterhielt sich dabei. Eine Form von Gemeinsamkeit, die kolossal bewahrenswert wäre. Jeder von uns hatte für sich entschieden, daß er bei politischen Aktionen für die DDR nicht mitmacht, und in diesem selbstgewählten Rahmen nahmen wir unseren Spielraum war.

HANS-DIETER SCHÜTT: Wann haben Sie denn Ihre Arbeit in der Klosterstraße genau beendet?

REGINE HILDEBRANDT: Das weiß ich nicht, wirklich. Nach den Volkskammerwahlen wollte ich unbedingt weiterarbeiten, wollte keinesfalls raus aus dem Labor. Von meiner Arbeitsstelle aus ging ich zur Konstituierung der Volkskammer, zur Fraktionssitzung, und es war wohl für meine Kolleginnen wie ein

»Unfall«, als ich gewählt wurde. So plötzlich eben, nach 18stündiger Fraktionssitzung, fand ich mich auf Listenplatz 2 für die Volkskammer wieder. Als festgelegt wurde, daß ich das Ministerium übernehmen solle, bin ich überhaupt nicht mehr in die Klosterstraße gekommen. Meinen Schreibtisch habe ich da stehenlassen, als ob ich im nächsten Moment wiederkäme. Aber ich kam nicht mehr hin, Wochen und Monate nicht. Zwischendurch war ich noch einmal da, habe Eis spendiert. Das de-Maizière-Kabinett arbeitete ja quer rüber; ach, so oft bin ich vorbeigefahren an diesem meinen früheren Leben, aber ich hatte später wirklich nicht eine einzige Minute frei, nicht mal zum Anrufen. Es herrschte in der ersten Zeit ein derartiger Crash-Kurs, der mich total forderte. Vielleicht auch überforderte. Ach ja, zur Weihnachtsfeier ging ich auch noch mal kurz zu meinen früheren Kolleginnen.

HANS-DIETER SCHÜTT: Sie sprachen eben vom Crash-Kurs. Der wird ja jetzt noch genauso gefahren, wenn man miterlebt, wie Sie Ihren Arbeitstag gestalten. Vor wenigen Tagen streikten die Brandenburger Stahlwerker. Sie waren bei Ihnen. Ist diese Situation eigentlich überraschend gekommen?

REGINE HILDEBRANDT: In der Branche war das keine Überraschung. Im Prinzip warteten wir schon die ganze Zeit darauf, daß es entweder zum Eklat kommt oder eben zu einer einvernehmlichen Lösung. Gerade die Stahlbranche, die Metaller überhaupt, gehören allgemein zu den vielbeachteten Industriebereichen, und die Gewerkschaften zeichnen sich durch erhebliche Schlagkraft aus. Demzufolge hat das Thema uns auch als Landesregierung schon seit längerem intensiv beschäftigt. Wir hatten mehrere Stahlkonferenzen, wir sind bei der Gelegenheit über die Privatisierungsvorstellungen informiert worden, und wir mußten registrieren, daß systematisch die Anzahl der Arbeiter im Kernbereich vermindert wurde. Da ist natürlich abzusehen, wann die Toleranzgrenze der Leute überschritten ist. Ich war seinerzeit im Wahlkampf mit Oskar Lafontaine, der durch Stahlwerke im Saarland intensiv mit der Problematik vertraut ist, schon mal in Brandenburg. Mehrfach besuchte ich auch die

Hennigsdorfer; mich verbinden Initiativen der Arbeitsförderung mit der Branche. Im Stahlwerk Brandenburg wurde die allererste Beschäftigungsabteilung schon Anfang Juli 1990 gegründet, unmittelbar nach der Währungsunion. Sehr früh begann hier das Auffangen von Arbeitnehmern, das Umlenken in Fortbildung, Umschulung, die Organisation von ABM. Brandenburg ist eines der ersten Werke gewesen, die sich um die Arbeitsförderung sehr intensiv bemühten, um Arbeitsförderungsgesellschaften, diese Form von organisierter und vom Arbeitsamt bezahlter Arbeit statt Arbeitslosigkeit. Immer, wenn mein Mut sinkt und ich fürchte, mit ABM geht's nicht so richtig weiter, fahre ich zu den Stahlwerkern. Dort wird professionell Gelände saniert; Leute, die früher für die Investitionen zuständig waren, für die Organisation der Arbeit – die organisieren jetzt über ABM den Abbau alter Anlagen. So muß es sein. In einer wirklich professionellen Art und Weise, generalstabsmäßig geplant und mit wirklich guten Ideen bei der Kombination von ABM und Fremdkräften.

HANS-DIETER SCHÜTT: Sind Sie mit der Lösung, die für die Stahlwerker gefunden wurde, zufrieden?

REGINE HILDEBRANDT: Mir wäre natürlich immer lieber, wenn die Privatisierung so erfolgen könnte, daß derjenige, der Verantwortung für den Betrieb trägt, alle Teile in der Hand behält und die Sanierung des Kernbereiches verbindet mit dem Aufbau von neuen Betrieben. Ich bin der Meinung, es können auf diese Weise wahnsinnig viele organisatorische Schwierigkeiten und Koordinations-Komplikationen vermieden werden. Nehmen wir zum Beispiel in Brandenburg das Stahlwerk Süd. Es wird vermarktet, auf diesem Gelände liegen aber der Schlacke-Ablagerungsplatz für's Nordwerk und der Schrottplatz. Und nun können Sie sich vorstellen: Das Nordwerk wird weitergeführt bis 1994, da fällt logischerweise alles Mögliche an, was auf dem Südwerk gelagert werden muß. Unterschiedliche Eigentümer werden sich einander schön das Leben schwermachen. Besser wäre, der Standort läge in einer Hand!

Hans-Dieter Schütt: Wie war die Stimmung im Werk, als Sie aufkreuzten?

Regine Hildebrandt: Also, ich kann mich ja nicht beklagen, ich habe noch einen guten Bonus, wir hatten auch die ganze Zeit über guten Kontakt zu den Betriebsräten. Ich glaub', da konnten sie schon deutlich den Eindruck gewinnen, daß ich auf der Seite der Arbeitnehmer stehe. Aber als sie meinen Staatssekretär auspfiffen, war ich ziemlich erschüttert. Als die Betriebsbesetzung in Hennigsdorf lief, hat er den ganzen Tag verhandelt mit Treuhand, Betriebsräten und Landesregierung, um Rahmenbedingungen für die Arbeitsförderung hinzukriegen und eine Entschärfung des Konfliktes. Aber abends dann hätten sie ihn, wenn er nicht ein paar IG-Metaller von früher gekannt hätte, nicht aufs Werkgelände raufgelassen. Da war eine derart angespannte Lage entstanden, das keinem mehr so richtig getraut wurde, und ich war sehr verblüfft, daß bei der Demonstration der Stahlwerker vor'm Landtag auch gegenüber Ministerpräsident Stolpe eine gewisse Aggression aufgebaut wurde. Weil er nicht erschien. Wir hatten Parlament, es lief die Staatssicherheitsdebatte, er konnte wirklich nicht, aber die Reaktion der Menschen draußen hat mich doch, sagen wir mal, sehr betroffen gemacht. Im Prinzip bemühten wir uns die ganze Zeit auch in Hennigsdorf nicht bloß um Arbeitsbeschaffung und die Weiterführung der Produktion, sondern, soweit wir es konnten, um solche Fragen wie die Überführung des sanierten Geländes an die Gemeinde – zwecks Verwaltung, zwecks Arbeitsförderung, Schaffung neuer Arbeitsplätze und Erhaltung des eigentlichen Standorts.

Hans-Dieter Schütt: Geht nach solchen Erlebnissen wie in Brandenburg nicht doch ein bißchen was verloren vom Glauben an den Sinn der deutschen Einheit, vom Glauben an das Soziale der Marktwirtschaft?

Regine Hildebrandt: Wir haben uns einfach zu viele Illusionen gemacht. In dem Moment, da man auf der anderen Seite der Mauer sitzt und immer bloß den Wohlstand sieht und die Päck-

chen kriegt und den Besuch empfängt und ab und zu mal hin-
fährt und ansonsten überhaupt nicht weiß, was man zuerst kaufen und zuerst essen soll, da kriegt unsereins eben den Eindruck:
Der Laden läuft so phantastisch, da müßte die Mauer bloß weg
sein, und schon wär' die Sache auch bei uns so. Außerdem sind
wir Deutsche, und da redet man sich schnell einen Anspruch
ein, der aus verlorenem Krieg resultiert: Immerhin hat man gearbeitet, also hat man auch Anspruch auf einen gewissen Wohlstand! Aber plötzlich kommt die harte Realität, und man muß
feststellen, in der sozialen Marktwirtschaft ist die soziale Seite
eine schwer erkämpfte, und sie muß laufend neu erkämpft werden. Nichts ist selbstverständlich. Kampf ist nötig. Die soziale
Frage muß man immer wieder aufwerfen, immer wieder neu auf
die Tagesordnung setzen. Die Metaller verstanden mit Hilfe
ihrer Gewerkschaft sehr schnell, wieviel sie wirklich an Kampf
leisten und welchen Druck sie machen müssen, damit Soziales
durchgesetzt wird. Und insofern denke ich, verzeichnen wir
doch eine positive Entwicklung: Die Menschen merken, sie können etwas bewegen. Noch vor kurzem glaubten alle mehr oder
weniger unterschwellig an Wunder. Aber mit Wundern ist
nichts. Es kamen Zusammenbruch und Ungerechtigkeit; die El-
lenbogen wurden ausgestreckt. Die Folge: Jeder versuchte, seine
Haut zu retten, irgendwie. Jetzt stellen die Menschen wieder
fest – und ich hoffe, die Lernleistung hält sich 'ne Weile –, daß
durch Gemeinsamkeit, durch Einigkeit im Handeln eine politische Kraft entsteht, die Einfluß hat auf Entscheidungen des Ka-
pitals. So war es – ich komme mir richtig komisch vor bei dieser
Agitation – seit jeher in der Arbeiterbewegung. Ja, die Dinge
sind in etwa so, wie die SED das uns immer propagandistisch
erzählt hat, uns ging die Litanei ins rechte Ohr rein und links
wieder raus. Mit anderen Worten: Ich glaube nach wie vor an
die Kraft der Straße, wobei mir natürlich lieber wäre, die Streit-
fragen könnten auf parlamentarischen, auf Verhandlungswegen
ausgeräumt werden. Dies habe ich gelernt: Es wird eisenhart
verhandelt. Auf Gutwilligkeit, zu der ja auch ich immer bereit
bin, kann man überhaupt nicht bauen. Es wird von den Arbeit-
gebern alles ständig zum Negativen hin interpretiert, es wird
versucht, sich Zusagen zu entziehen durch andere Interpretatio-

nen, es muß wirklich von Anfang an und immer wieder neu ge-
kämpft werden. Großen Kummer machen mir die Branchen, die
zum Kämpfen a priori nicht so in der Lage sind. Denken Sie an
die Frauen in der Textilindustrie oder in der chemischen Industrie, die sterben einen langsamen Tod. Denken Sie an die gesamte Landwirtschaft.

Von L wie Leben bis Z
wie Zweifel.

»Aus dem Zusammenhang herausgerissene Zahlen, Schrek-kensprophezeiungen, Negativmeldungen werden nicht da-durch besser, daß sie von amtlichen Stellen, möglicherweise sogar von Ministern, vorgetragen werden. Die Arbeitsministerin, Frau Hildebrandt, läßt kaum eine Möglichkeit aus, über die Medien … zum Beispiel die Arbeitslosenzahlen auf Steige-rungsraten zu zelebrieren, die andere zu verantworten haben, nicht die Marktwirtschaft.«

Dr. Günter Krause (CDU), 28. Volkskammertagung, Oktober 1990

»Daß ich ums Wort gebeten habe, finde ich vom Anlaß her sehr traurig; denn das, was wir hier erleben mußten, ist nicht das, was wir uns erhofft hatten, als wir in die Koalition gegan-gen sind, um zu versuchen, unsere ganzen Kräfte zur Errei-chung eines gemeinsamen Ziels einzusetzen. Es ist tatsächlich die ernste Sorge in Anbetracht der Situation, die mich dazu bringt, immer wieder in die Medien zu gehen … habe ich den Eindruck, daß das wahre Ausmaß der Situation hier in der DDR nicht begriffen wird.«

Dr. Regine Hildebrandt (SPD) auf der gleichen Parlamentssitzung

LEBEN

Manchmal denke ich, es ist an der Zeit, daß mein Leben wieder normal wird; denn kein Theaterbesuch, kein Buch mehr, das völlig in der Luft hängende Familienleben: All das ist nicht gut. Doch wir leben in einer Umbruchzeit, und durch die engagierte Mitarbeit vieler Menschen läßt sich manches verbessern und beschleunigen. Wenn alle ihr Innovationstalent einbringen, haben wir bald normale Verhältnisse.

(Dezember 1990, Der Morgen)

MARKTWIRTSCHAFT

Was wir hier erleben, ist der Einzug der Marktwirtschaft – pur und brutal. Das Soziale an ihr kann ich beim besten Willen nicht entdecken.

(Dezember 1990, NBI)

MASSENDEMONSTRATIONEN

Ich hoffe, daß es sie nicht geben wird. Aber ich rechne mit dem Schlimmsten.

(Mai 1990, stern)

MAUER

Es läuft eine Wohlstandsmauer durch Deutschland.

(Mai 1991, Berliner Kurier)

MINISTERAMT

Es kann für mich nur ein einziges Ziel geben, wenn ich jetzt mein Ministeramt beginne, und zwar: Erst muß das soziale Netz gespannt werden, ehe wir ehemaligen DDR-Bürger den Seiltanz im neuen Deutschland, in der neuen Gesellschaftsordnung beginnen können.

(April 1990, DFF-aktuell)

Meine vordringlichste Aufgabe als Ministerin: Die Sozialunion muß sofort mit einer Wirtschafts- und Währungsunion einhergehen. Auch hier gilt: Vorbeugen ist besser als heilen. Gelingt dies, kann den Menschen im Lande die Angst vor den kommenden Umbrüchen genommen werden.

(April 1990, Neues Deutschland)

Wir wollen vor allem die sozial schwachen Menschen besonders schützen. Durch Gesetz. Verankert auch in der Verfassung. Konkrete Maßnahmen wurden bereits in den Koalitionspapieren festgelegt. Nehmen wir den Streitpunkt Kinderkrippen. Diese Plätze sollen erhalten bleiben. Mütter sollen auch

entscheiden können, ob sie – bei finanzieller Absicherung –
ihre Kinder in den ersten drei Jahren zu Hause erziehen
wollen oder ob sie einen Krippenplatz in Anspruch nehmen.
Garantiert wird ihnen, daß sie nach diesen drei Jahren ihren
Arbeitsplatz wiedererhalten. Gewährleistet ist auch, daß ihnen
die Erziehungszeit auf die Rente angerechnet wird.

(April 1990, NBI)

Die mangelnde Absicherung der DDR-Bevölkerung wäre für
mich der Grund, meine Arbeit einzustellen. (Mai 1990, Spiegel)

Ich will auf meinem Gebiet zu retten versuchen, was zu retten
ist. (Juni 1990, Für Dich)

MÖLLEMANN, JÜRGEN

Ich kann nur sagen: Der soll mal herkommen und mitten in
Brandenburg leben. Da kriegt er mal ein richtiges Gefühl für
den Alltag. (Mai 1991, Berliner Kurier)

NACHRICHTENTECHNIK

Telefonieren war in diesem Land der Staatssicherheit vorbehal-
ten, also lebt jetzt mehr denn je die älteste Form der Verbreitung
von Nachrichten auf, gerade in den Büros der jungen Demokratie: Weitersagen! Die Angehörigen der bundesdeutschen Telefo-
nier- und Kopier-, der Fax-, Fix- und Imponiergesellschaft werden ein wenig schlucken, wenn sie uns so beobachten: Was
denn, das soll alles sein?! Ja, das ist alles. Zunächst, meine Herren. (Januar 1990, ARD)

NATIONALGEFÜHL

Ich hoffe, daß die Identifizierung mit dem Land – die Sachsen
sagen jetzt schon wieder stolz Sachsen und die in Mecklenburg-
Vorpommern haben ja auch schon nationale Gefühle entwik-
kelt –, wird sich weiter fortsetzen. Ich hoffe, daß das alles dazu
beiträgt, daß keine Abwanderung in großem Maße stattfindet,
auch wenn die Verhältnisse sich weiter verschlechtern.

(August 1990, Die Andere)

NIEDERLAGE

Wenn wir es nicht schaffen, daß unsere Rentner ein würdiges
Leben führen können. Oder wenn die Arbeitnehmer mit wesent-

lich geringeren Bezügen als bisher rechnen müssen. Das wäre
für mich nicht mehr tragbar. (August 1990, stern)

OBDACHLOSE

Wir werden alles nur Mögliche tun, um das zu verhindern. Vorerst bleiben wir bei Mietpreisbindungen. Sozial Schwache erhalten Wohlgeld. Es gibt Kündigungsschutzregelungen für Mieter.
Nein, dieser Alptraum darf auf keinen Fall Realität werden in
unserem Land. (April 1990, NBI)

ÖKOLOGIE

Angesichts der ökologischen Katastrophen kommen mir politische Strategien so lächerlich vor; mit welcher großen Geste da
von einigen um ein wenig zusätzliche Zukunft gebettelt wird,
während sie schon dabei sind, den Lebensraum Gegenwart zu
tilgen. (Oktober 1990, Bayrischer Rundfunk)

OPTIMISMUS

Es wird uns gar nichts anderes übrigbleiben, als uns am eigenen
Zopf aus dem Sumpf zu ziehen, man muß nur wollen!
(November 1990, Leipziger Volkszeitung)

»OSSIS«

Wir haben bei der deutschen Einheit ein sehr enges Korsett ge-
habt, aber wir hätten auch innerhalb unserer Grenzen mehr zum
Positiven gestalten können. Es gab und gibt einfach zu wenig
Leute, die sich getraut haben, über die Probleme zu sprechen.
Viele im Osten wissen doch, wohin die Karre läuft, und sie sagen
trotzdem nichts. (Oktober 1991, Junge Welt)

PARLAMENTARISMUS

Ich will auf keinen Fall in irgendeinem Parlament versauern. So
lange ich die Nähe von Menschen spüre, so lange ich das Empfinden habe, daß die Menschen mir aus Enttäuschung aus dem
Wege gehen, so lange bleibe ich in der Politik.
(Dezember 1990, RIAS Berlin)

PERESTROIKA

Es stört mich durchaus, daß Leute, die das Wort Gorbatschows
bisher nur in geschlossenen Räumen sehr leise aussprachen,
heute so tun, als wären sie die Erfinder der Perestroika.
(Januar 1990, BZ am Abend)

PILLE

Wenn in dieser dramatischen politischen Situation beispielsweise die kostenlose Pille aus den neuen Bundesländern verschwinden soll, werde ich darum kämpfen, daß sie wenigstens in Brandenburg bleibt.

(Dezember 1990, NBI)

POLITIK

Da habe ich keine Ambitionen. Ich mühe mich, eine Abgesandte mündiger Bürger zu sein, die die Wahrheit vertragen und ein Recht auf Ehrlichkeit haben.

(April 1991, Wochenpost)

Dazu bin ich gekommen, wie es immer lief: Es waren nicht genug Leute da, so kandidierte ich eben.

(Mai 1991, Das Blatt)

PRIVILEGIEN

Es gibt verschiedene Gruppen in der DDR, denen durch eine verfehlte Politik Privilegien zugestanden wurden. Das betrifft auch deren Renten. Sind diese ungerechtfertigt hoch, werden sie revidiert, und zwar auf ein normales Maß, als wären deren Empfänger einem bürgerlichen Beruf nachgegangen. Gleiches gilt auch für die Zahlung von Arbeitslosenunterstützung. Alte Vorrechte – damit muß endgültig Schluß sein.

(April 1990, NBI)

PROTEST

Die Duldungsfähigkeit der Bevölkerung insgesamt ist relativ groß. Für meine Begriffe ist der Wille zum Widerstand und zum Aufruhr unterentwickelt.

(Mai 1990, Spiegel)

Die meisten warten noch immer darauf, daß von oben doch nun mal Ordnung geschaffen wird, daß die oben sagen, was zu geschehen hat. Das geht heute nicht mehr. Die Arbeitnehmer müssen immer wieder Druck ausüben.

(August 1990, Für Dich)

So wie es bislang gelaufen ist, mußte die Ungeduld zunehmen. Es ist nie im Vorfeld gehandelt worden, sondern immer nur im nachhinein, wenn die Situation unbeherrschbar zu werden drohte. Offensichtlich müssen die Menschen hier immer erst auf die Straße gehen, bevor Bonn reagiert.

(März 1991, Stern)

Sich zusammentun und nicht allein zu Hause verzweifeln, das ist der erste Schritt. Ich sage Ihnen, in zehn Jahren werden wir den 3. Oktober anders begehen!

(Oktober 1991, Leipziger Volkszeitung)

QUAL

Es quält mich, nicht vorausgesehen zu haben, daß das Tal so tief und die Berge so hoch sind. (August 1990, Neues Deutschland)

RENTEN

Nehmen Sie nur unsere 2 Millionen Rentner. Jeder dritte würde nach dem 2. Juli zwischen 330 und 450 Mark im Monat bekommen. Mit dieser Summe konnte man in der eingemauerten DDR am Rande des Existenzminimums leben. Ob man in der Bundesrepublik damit auskommt, können Sie besser beurteilen.

(August 1990, stern)

ROT-GRÜN

Wir in Brandenburg sind eigentlich keine typische Rot-Grüne Koalition. Bündnis '90 vereint ja vor allem Bürgerbewegungen, darunter auch die Grünen. Wir haben uns vor der Wahl die in Frage kommenden Kandidaten schon einmal angeschaut, ob sie berechenbar sind. Und ich denke, daß man mit den Vertretern des Bündnis '90 gut zusammenarbeiten kann.

(Mai 1991, Das Blatt)

SED-WIRTSCHAFT

Natürlich basiert der Zusammenbruch auf der SED-Mißwirtschaft. Aber für das Ausmaß der katastrophalen Zustände ist auch die Wirtschaft der Altbundesländer verantwortlich, die im Osten nur einen riesigen Absatzmarkt sieht und neue Konkurrenten kleinhalten will. Und die Politiker taten nichts, um den großen Umbruch zu gestalten, sondern überließen alles dem Markt. (März 1991, stern)

SOFORTHILFE

Wir brauchen beispielsweise auf Anhieb Tausende von Lehrkräften aus der Bundesrepublik, die unsere Menschen etwa in Englisch und Französisch ausbilden. Wir haben, um ein anderes Beispiel zu nennen, einen enormen Nachholebedarf in bezug auf elektronische Dinge, auf Textverarbeitung und andere Anwendungen der Computertechnik. Wir könnten auf Anhieb, da hat mir Blüm seine Hilfe zugesagt, eine Aktion im Fernsehen starten, um ausrangierte Computer auf Lastwagen zu verladen und sie hier in kaputtgehende Betriebe zu stellen. Da könnten Leute, die sonst ihren Job verlieren würden, erst mal ein halbes Jahr trainieren, sie wären sinnvoll beschäftigt.

(Mai 1990, Spiegel)

SOLIDARITÄT

Vor allem muß diese Entsolidarisierung aufhören, die in den neuen Ländern immer deutlicher wird. Etwa in den Betrieben. Wir dürfen uns nicht auseinanderdividieren lassen.

(März 1991, BZ am Abend)

SOZIALES GEWISSEN

Die SPD versteht sich als das soziale Gewissen in der DDR-Regierung. Der Koalitionsvertrag trägt eindeutig sozialdemokratische Handschrift. Nur in der Praxis ist davon wenig zu finden. Wir versuchen, das Beste zu machen. Doch wir sind schon jetzt relativ weit von der Koalitionsvereinbarung entfernt. Es fällt immer schwerer, unserer Basis das plausibel zu machen. Allmählich stellt sich die Frage der Tolerierbarkeit.

(Mai 1990, stern)

SOZIALISMUS

40 Jahre sind lang. Aber der Rauch der »ewigen Wahrheiten« verging wie im Fluge.

(Dezember 1989, ZDF)

STAATSSEKRETÄRE

Meine Staatssekretäre! Also einfach prima, muß ich wirklich sagen. Ohne sie könnte ich meine Arbeit nicht machen. Ja, was meine Staatssekretäre betrifft, bin ich wirklich glücklich mit der Einheit.

(Mai 1991, SFB)

STASI

Das war vielleicht ein mieses, widerwärtiges Prinzip: Schützt du die Ordnung, dann schützt die Ordnung dich!

(November 1990, SFB)

STEUERN

Es ist doch ein Prinzip, daß man die Lasten des ganzen Volkes auf das ganze Volk verteilt. Sie können mir glauben, mir würde da schon noch eine ganze Menge mehr einfallen. Gerade, wenn es darum geht, diejenigen stärker zu beteiligen, die den größten

Besitz haben. Ich halte vieles, was da läuft, ganz erheblich für sozial ungerecht. (August 1991, Neues Deutschland)

STRESS
Oooch, das macht mir fast gar nichts aus.
(Oktober 1991, Leipziger Volkszeitung)

TREUHAND
Sie ist inzwischen ein Moloch. (Mai 1991, Der Morgen)

TROST
Mein Trost im Ungemach sind auch die mittelständischen Betriebe. Wir brauchen ein Investitionsklima. Ist das geschaffen,
kann man viele Arbeitskräfte binden. (April 1990, Tribüne)

UNABHÄNGIGKEIT
Viele Westmänner wundern sich nun, woher das besondere
Selbstbewußtsein von uns Ostfrauen kommt. Es kommt von unserer Unabhängigkeit – und wir sollten alles tun, um die zu bewahren. (März 1991, Neues Deutschland)

UNVERSCHÄMTHEIT
Ich bin kein Anhänger jener Lobby, die da meint, die Altbun-
desrepublik habe die Pflicht, uns in den Wohlstand zu führen.
Das wäre eine Unverschämtheit. Es sind Hunderte Millionen
Mark für vielerlei Maßnahmen 'rübergekommen, es gab sehr
frühzeitig eine sehr partnerschaftliche Hilfe zwischen den
Ressorts. Doch man muß aus heutiger Sicht sagen, es war zu
wenig. Die Kosten der Einheit auf jährlich 100 Milliarden
Mark zu veranschlagen, ist wohl realistischer, als weiter mit
falschen Zahlen zur Beruhigung der Steuerzahler zu jonglie-
ren. Dieses historische Ereignis für'n Appel und 'n Ei haben
zu wollen, ist genauso eine Unverschämtheit.
(September 1990, Tribüne)

VERFASSUNGSENTWURF
Wichtig ist, daß das Recht auf Arbeit und Arbeitsförderung fi-
xiert ist. Die Werktätigen sollten, ehe es zur Arbeitslosigkeit
kommt, bereits wieder gebunden werden. In puncto Arbeitslosigkeit müssen wir alle umdenken. Wir gehen davon aus, daß
wir Arbeit für jeden gegenwärtig nicht sichern können. Jahr-
zehntelang haben wir gehört, daß der Kapitalismus soziale Ungerechtigkeit bedeutet. Doch wir brauchen Optimismus. Ich

denke, daß wir es schaffen können, vielen eine Perspektive zu geben. (April 1990, Tribüne)

Verzweiflung

Verzweiflung? Idiotische Ideen zur Rettung der DDR? Na, ich weiß ja nicht. Wer hat denn bessere Ideen? Dieses Land steckt im Umbruch. Wir haben im Ministerium einen Kristenstab gebildet, und wir tragen alle, wirklich alle Ideen zusammen, die etwas anbieten zum Thema Soforthilfe. Es geht nicht um Strategien, es geht um die Verhinderung eines Kollaps', verdammt noch mal. Ich habe ja nichts gegen die Vorbeugeempfehlungen eines Arztes, aber sie sind am Bett eines Todkranken wohl kaum passend. (Juni 1990, Bonn direkt)

Vorruhestand

Im Prinzip finde ich dieses Mittel ganz traurig. Aber unsere Lage auf dem Arbeitsmarkt ist verzweifelt. Das tut mir weh, glauben Sie mir. Doch ich sehe keinen anderen Weg. (Mai 1990, Spiegel)

»Wessis«

Daß sich die Westdeutschen an Steuererhöhungen gewöhnen müssen, das hätte man denen schon lange sagen müssen. Bei der großen Welle der Solidarität zum Fall der Mauer hätte man einen Gedanken an die Zukunft verwenden müssen. Damals wäre man auf Verständnis gestoßen; heute traue selbst ich mich nicht mehr zu dieser Forderung. (August 1990, taz)

Windhundprinzip

Die Fördermittel werden bei uns nach dem Windhundprinzip verteilt: Wer zuerst da ist, bekommt sie. Und wer zuerst da ist, ist selbstverständlich der, der die Information darüber hat, daß es finanzielle Möglichkeiten gibt. (Mai 1991, Das Blatt)

Wohlfühlen

Was gut ist? In der Lebenssituation: Wenn man sich danach gut fühlt! (Dezember 1990, Radio Luxemburg)

Zukunft

Sie darf auf keinen Fall so aussehen, daß sich ein ganzes Volk daran gewöhnt, von Sozialhilfe zu leben.
(Juni 1991, Berliner Zeitung)

ZWEIFEL

Ja, ich habe Zweifel an meiner Arbeit. Auf jeden Fall. Zum Beispiel wären viele Betriebe zu retten gewesen, wenn sie besser unterstützt worden wären. Was wir gebraucht hätten und brauchen, ist ein Transfer von Management. Statt dessen kamen Kaufangebote, die natürlich damit einhergingen, daß erst einmal geklärt wurde, der Betrieb ist nichts wert.

(Dezember 1990, Berliner Morgenpost)

Eine Autonacht.
Kalenderblätter.

Am Steuer sitzt René Klein. Ein sympathischer Grübler. Seiner Chefin wünsche ich ein richtiges Gespräch gerade mit ihm, so ein richtig ruhiges. Aber wann? Es erklingt eine Bachsuite. Draußen scheint der Mond. »Ich hab so eine Art Code«, sagt die Ministerin. »Das heißt, ich brauche keine 14 Tage, um mich zu erholen, ich guck' mir den Wald an oder jetzt den Mond, irgendwie rasten die Relais auf ›Entspannung‹ ein, und schon bin ich auf sehr intensive Weise beruhigt. Komisch, was?« Ja, denke ich. Der Selbstbetrug hat seinen ganz eigenen Charme.

»Ja, was habe ich für Erinnerungen an die Tage um den 7. Oktober 1989 herum? Gespenstische. Der letzte staatliche Jubel. Stasidruck, den ich als etwas sehr Nahes spürte. Diese Lähmung, als ich hörte, in Leipzig hätte man prophylaktisch Gasmasken verteilt. An einem der Abende, so gegen 21.30 Uhr, stand eine Unmenge Polizei-Lkws vor unserem Haus, rund um den Alex. Mein Sohn war mit zur Chorprobe. Dann ging er mit zur Gethsemanekirche. Auf dem Rückweg kam er mit brennender Kerze an der Polizei vorbei. Blieb unbehelligt. Aber einen Nachbarn von uns, einen jungen Regisseur, holten sie aus der U-Bahn. Erst am nächsten Tag kam er heim. Allein wegen jener Tage bin ich froh, daß dieser Staat untergegangen ist.«

Hans-Dieter Schütt: Im DDR zerstörenden Jahr 1989 spielte Ihre Kirche eine entscheidende Rolle. Wo sehen Sie die möglicherweise wieder integrierende Funktion der Kirche unter neuen gesellschaftlichen Bedingungen?

Regine Hildebrandt: Wir evangelischen Christen in der DDR waren immer der Meinung, daß von westlichen Medien und Besuchern aus der anderen Hemisphäre die Rolle und Bedeutung der Kirche überschätzt wurde. Es war doch eine relativ kleine Anzahl von Menschen, die sich unter dem Dach der Kirche zu den Gemeinden bekannte. Größer wurde diese Gruppe doch »nur«, weil die Kirche mehr und mehr zum Raum für Menschen geriet, die in der Gesellschaft selbst keinen Platz fanden. Das hatte mit Glauben und kirchlicher Funktion an sich wenig zu tun. Es hat zwischen Gemeindekirchenräten und Pastoren auf der einen und den entsprechenden Gruppierungen auf der anderen Seite große Differenzen gegeben, ob solche Art gesellschaftlicher Aktivität überhaupt Aufgabe der Kirche sein könne. Sie kennen die Ausreiseproblematik; ich denke da nur an die Berliner Sophiengemeinde, wo sich mein Schwager sehr zuständig gefühlt hat für dieses Thema, und er ist dadurch oft ins Kreuzfeuer der Polizei und der offiziellen Meinung geraten. Es waren die Öko-Gruppen, die Friedensgruppen, die Homosexuellen, es waren die unterschiedlichsten Gruppierungen, die sich eben nur unterm Dach der Kirche tatsächlich frei artikulieren konnten. Jetzt auf einmal können sie es überall, und diese Gruppen haben sich folgerichtig wieder von der Kirche gelöst. Wenn Enttäuschung über die Kirche geäußert wird, darüber, daß deren, sagen wir ruhig, schützende Hand fehlt, dann ist das im Grunde eine Reaktion auf jene Erfahrung mit dem pluralistischen System, in dem jeder sagen kann, was er will, bloß: Es hört keiner zu, und es ist unheimlich schwer, sich durchzusetzen.
Die Kirche besinnt sich nun wieder auf ihren ursprünglichen Auftrag – auf das Dasein für die Christen vor Ort in der Gemeinde. Und das waren schon immer relativ wenige. Aber es müßte gelingen, die Kirche mit diesem Potential von leistungsfähigen Leuten, von Pfarrern und Jugenddiakonen, in viel stärkerem Maße in die großen Lücken des seelsorgerisch so bedürfti-

gen Gemeinwesens einzubringen. Das wäre ein Traum von mir.
In den Altbundesländern hat die Kirche zum Beispiel ein Netz
von Förderungsinitiativen aufgebaut. Sie betreut Arbeitslose sowohl in Selbsthilfe- als auch in solchen Gruppen, die produktive
Arbeit leisten im Rahmen von ABM oder auch in der Kombination von Fortbildung und Umschulung – und dies bei der Kirche
selbst beziehungsweise bei den Gemeindezentren. In Brandenburg hab' ich mir Mühe gegeben, so was auch zu installieren,
und wir haben schon sehr gute Beispiele. Fürstenwalde etwa:
Phantastisch! Superintendent Kuhn hat inzwischen über
100 Leute in seinem Kirchenkreis in der Umgebung in ABM.
Und zwar sowohl im betreuerischen als auch im Baubereich;
auch an »seiner« Kirche in Fürstenwalde arbeiten ABM-Trupps,
in der Verwaltung, es werden Kirchenbücher aufgearbeitet von
ehemaligen Verwaltungsangestellten, die entlassen wurden. Ich
frage mich, warum haben wir so was nicht noch flächendecken-
der geschafft?! Es ist natürlich immer kolossal schwer, aber ich
kann nur sagen, ich hab' einen relativ großen Bekanntenkreis
mit Pastoren aus der Umgebung, die juble ich jetzt alle an, die
machen auch alle ABM – wenn es nur nicht technisch so irrsin-
nig kompliziert wäre. Man könnte verzweifeln, aber man darf
nicht. Mir schwebte vor, und wir haben's versucht zu initiieren,
es ist uns nicht gelungen, daß wir eine große ABM machen: Kir-
chenrestaurierung, Kirchenrenovierung oder Aufräumungsarbei-
ten um die Kirche herum, die Sachkosten werden von Partnerge-
meinden getragen, die gerne mithelfen möchten. Leider, leider.
Aber Einzelfälle zeigen doch immer wieder: Wo ein Wille ist, ist
auch ein Weg. Ein anderes Beispiel: Café »Kontakt« in Brandenburg. Da geht's um sozial Schwache, um Jugendliche, um Alko-
holiker, die dort von Jugendpfarrer Pastor Althausen integriert
werden, in einer Selbsthilfegruppe. Das hat er schon geraume
Zeit mit großem Erfolg gemacht, und wir unterstützen ihn finanziell. Es braucht eben »bloß« Anlaufpartner, und so was strahlt
dann aus. Wunderbar. Ich freu' mich da wie ein Kind. Nehmen
wir nochmal Fürstenwalde, Thema Ausländerfeindlichkeit. Eine
Pastorin hat, ausgehend von einer Anregung unserer Ausländer-
beauftragten Almuth Berger an meinem Ministerium, ein Kon-
taktnetz von Bürgern, Institutionen, zusammen mit Feuerwehr

und Polizei aufgebaut, so eine Art Hilfs- und Notring. Die Leute wohnen über das Stadtgebiet verteilt, in der gesamten Umgebung. Wenn die merken, es kommen Rechtsradikale, und die bedrohen andere, dann rufen die sofort nach einem bestimmten Schlüssel die entsprechenden Kontaktleute an, und auf diese Art und Weise wird Hilfe, wird Schutz organisiert. Schlimm, daß es so ist, aber es muß ja was getan werden. Parallel zur großen politischen Aufgabe, ein Klima zu schaffen, das so etwas tilgt, muß ja im Kleinen der verläßliche Schutz vor Übergriffen organisiert werden. Ich sage Ihnen, das, was die Fürstenwalder machen, hat bereits in verschiedenen Fällen heilsam gewirkt. Initiator ist die Kirche. Gleiches in Wittenberge: Dort kam es zu haarigen Auseinandersetzungen gegenüber Moçambiquern, die von Jugendlichen vom Balkon gestürzt wurden, sie erlitten schwere Verletzungen. Jetzt existiert dort unter dem Dach der Kirche eine Ausländer-Integrationsgruppe, die von Sozialarbeitern aus den Altbundesländern (die haben entsprechende Erfahrungen) unterstützt wird. In Brandenburg etablierte sich ein mobiles Team, das immer dort berät, wo gerade wieder Ausländerfeindlichkeit anzutreffen ist. Oder, das letzte Beispiel: die Junge Gemeinde. Die gab es immer schon, aber die FDJ war ja installiert und hat die Jugendlichen weitgehend beschäftigt, selbstredend auch sinnvoll beschäftigt, das habe ich bereits gesagt, aber jetzt sollte die Kirche viel mehr für junge Menschen tun, ausgehend von den Jungen Gemeinden. Jetzt muß die Kirche in die Lücken, die früher vom Staat gefüllt wurden.

Diesen Aufbau von begleitenden Strukturen – da muß die Kirche noch viel mehr ran ans Büfett! Wobei diese, sagen wir mal stützende Wirkung, die die Kirche auch jetzt noch im politischen Sinne ausübt (freilich weniger spektakulär) nicht zu unterschätzen ist. Ich meine die vielfältigen Aktivitäten von Gemeinde-, Alten- und Spezialkreisen, von Kirchenchören, in denen Menschen eben weiter singen können, auch wenn draußen so vieles für sie zusammenbricht. Das alles hat doch eine stabilisierende, menschlich aufrichtende Funktion. Unterm Strich: Die Kirche erlangte vor der Wende wirklich eine bedeutende Rolle, durch die Integration unterschiedlichster Gruppierungen, die ursächlich vielleicht wenig mit der Kirche an sich zu tun hatten, aber sie schuf ein Dach für anderswo unterdrückte freiheitliche Bestrebungen. Diese Notwendigkeit des geistig-seelischen Asyls ist jetzt weggefallen, und die Kirche muß wieder absolut aus sich heraus wirkungsvolle Angebote machen. Ich bin gerade auf dem Weg zur Synode und werde wieder drei Punkte in den Mittelpunkt meiner Bemühungen stellen. Zunächst die Frage des Religionsunterrichtes. Im Westen ist er in den Schulen verankert. Ich finde aber, er gehört in die Kirche. Glaubenslehre gehört in die Kirche. Dort wird der Rahmen geschaffen, damit christlicher Glaube zur wirklich sinnvollen Lebensbegleitung von Kindern und Jugendlichen wird. Ich habe da sehr gute Erfahrungen aus der Sophienkirche in Berlin, wo meine drei Kinder schon in den Kindergarten, dann in den Kinderhort gingen, später zum Konfirmandenunterricht, zur Jungen Gemeinde. Wenn der Religionsunterricht in die Schulen kommt, gerät er eventuell zu den gleichen ungern ertragenen Pflichterfüllungen wie einst der Staatsbürgerkundeunterricht. Der zweite Punkt wird erneut die Arbeitsmarktproblematik sein, die Integration von Arbeitslosen, die Hinwendung zu den sozial Schwachen, um die sich die Kirche, bis hin zur Drogenberatung und Alkoholikerbetreuung, in besonderer Weise kümmern muß, einschließlich Ausländer und Homosexuelle. Und das dritte Feld, wofür ich mich einsetzen möchte, speziell in diesen Tagen, ist die politische Verantwortung der Kirche, was den § 218 angeht, die Fristenregelung. Ich denke, da müssen wir ostdeutschen Kirchen, ausgehend von der DDR-Tradition, viel stärker unsere Meinung durchsetzen. Es soll nun keineswegs der Eindruck entstehen, daß die Kirche all diese Sachen statt der Politiker zu erledigen hätte; ihre ureigenste Aufgabe bleibt die seelsorgerische Tätigkeit, die Umsetzung des christlichen Glaubens. Aber da die Kirche in jüngster deutscher Geschichte auf unverwechselbare Weise sozial-politisch wirksam wurde, wäre es nützlich, wenn sie diese Aufgabe in den fünf neuen Ländern, die die ehemalige DDR darstellen, weiter mit übernehmen würde.

HANS-DIETER SCHÜTT: Es gab ja von seiten kirchlicher Würdenträger vor einiger Zeit scharfe Kritik an den wieder aufgeflackerten Montagsdemonstrationen im Osten Deutschlands, und zwar mit dem Argument, es sei ein Unding, daß Politiker, die in dieser wirtschaftlich schwierigen Situation in den neuen Bundesländern Verantwortung übernommen hätten, von Demonstranten angepöbelt würden, weil der Aufschwung nicht schnell genug komme. Sie haben diese Tatsache vorhin schon einmal kurz erwähnt. Was sagen Sie zu derartiger Kritik?

REGINE HILDEBRANDT: Ich frage mich, ob diese Beschreibung (das mag es ja gegeben haben, daß Politiker angepöbelt wurden), ob diese Analyse, die dahintersteckt, nicht ein bißchen zu kurz greift. Wir sind doch wieder das, was wir schon 40 Jahre lang waren, nämlich Objekte von Entscheidungen anderer. Wir müssen aber diese Entsolidarisierung, die daraus entsteht, dadurch überwinden, daß wir auf die Straße gehen. Als ein Mittel der Politik, des Widerstandes. Ich fürchte ein bißchen, daß diese erste emotionale Äußerung eines Bischofs aus unreflektierten ideologischen Prämissen stammt, nämlich: daß nicht das gleiche Mittel der Auseinandersetzung gelten kann, das damals im Aufbruchsmoment '89 wichtig war und bedeutend. Was heißt denn: Wir haben jetzt andere Verhältnisse! Wer so denkt, muß sich eine ideologische Barriere eingestehen. Sehr wohl kann unter anderen Verhältnissen das gleiche Mittel angezeigt sein, die Menschen dürfen doch in dieser Situation um Gottes willen nicht ihre Sprache verlieren und ihr Macht- und Druckmittel, das ihnen mitunter als einziges bleibt. Wenn nichts anderes mehr funktioniert, dann gehen sie eben auf die Straße. Dieses Einverständnis mit ihnen wird wichtig sein, um künftig überhaupt noch eine Form der kritischen Anwesenheit als Kirche praktizieren zu können.

HANS-DIETER SCHÜTT: Sie sprachen vorhin über Solidarverhalten, über humanes Verhalten untereinander. Wie würden Sie unter diesem Aspekt einem Atheisten Gott erklären?

REGINE HILDEBRANDT: Am besten über den Gedanken des Humanismus, den Sie eben schon erwähnten. Im Existenzkampf der Welt verbrauchen sich die Menschen. Die planerischen Aspekte des sogenannten normalen Lebens verdrängen oft das Wichtige:

daß wir aus Gnade leben, nicht aus Berufung. Reich und wohlhabend zu sein und Einfluß zu haben, lediglich ein bequemes Leben zu führen – das ist es doch wohl nicht. Christentum – das ist Bemühen um Humanität, Gerechtigkeit, wirkliche Wohlfahrt des anderen, es ist Fürsorge für den Schwachen, und es ist Zuwendung, Zuneigung und Liebe zum Nächsten, auch zum Nächsten in einem anderen Volk.

Sie sehen, ich kann den Versuch unternehmen, das Christentum zu erklären, nicht Gott. Vielleicht sagen wir so: Gott ist kein Substantiv, es ist ein Tätigkeitswort. Im übrigen bin ich da sehr tolerant; wer auf anderen geistigen, religiösen Wegen zur gleichen Erkenntnis humanistischer Pflicht im Leben kommt, also nicht unmittelbar über's Christentum – bitteschön. Wir Christen glauben, daß die wirklich kostbaren Dinge des Lebens, die Luft und das Wasser, der Boden, Pflanzen und Tiere, wir selbst, mit den Kräften unserer Seele und unseres Leibes und mit dem Geschenk unserer Freiheit, nicht unser Eigentum sind, sondern daß wir etwas haben, das uns anvertraut ist vom Geber allen Lebens, von Gott, damit wir es verantwortlich gebrauchen. Dazu bedarf es eines menschlichen Sinnes und Maßes. Alles zu machen, was man machen kann, ist noch kein Zeichen menschlicher Reife. Alles haben zu wollen, was man haben kann, hat das kindliche Stadium des Wünschens noch nicht verlassen. Wir müssen mit der Freiheit erwachsen werden und selbstbewußt damit umgehen, einfach und unverstellt.

HANS-DIETER SCHÜTT: Nun ist es tragisch, Sie haben selbst darauf verwiesen, daß Menschen oft erst dann zueinander finden, wenn sie gemeinsam leiden, nicht aber, wenn sie gemeinsam Glück erleben.

REGINE HILDEBRANDT: Schlimm, aber wahr: Wenn's allen gleich dreckig geht, kommt man auf diesen Zusammenhalt zwischen den Individuen, auf die Solidarität, auf den Gedanken der Gerechtigkeit zurück. Vorher schottet sich jeder ab und sagt, ich hab' viel gearbeitet, ich habe hier meine Grenze für mich, soll der andere doch auch sehen, daß er so weit kommt. Wenn man dann in der Katastrophe nebeneinander hockt, sind die Grenzen plötzlich weg, und die ursprünglichen Dinge, die dem Menschen viel Wert sein sollten, kommen wieder zum Tragen. Eben die erwähnte Zuwendung und das notwendige Miteinander. Nun will ja um Gottes willen keiner, daß die Menschen in Not und Elend leben, damit sie sich solidarisch verhalten. Aber daß sie die Gefahr von vornherein sehen, daß sie von Beginn an versuchen, den Wohlstand nicht so hochzuzüchten, bis es einem immer schwerer fällt, ein gutes Miteinander hinzukriegen – das müßte geschafft werden! Dafür möchte ich schon arbeiten.

HANS-DIETER SCHÜTT: Soziale Konflikte als Argumentation, eine bestimmte Partei zu wählen? Je schlechter es den Leuten geht, desto besser für die SPD?

REGINE HILDEBRANDT: Man darf aber nun auch nicht sagen, nun soll's den Leuten mal dreckig gehen, dann werden sie schon sehen, wer sie am besten politisch vertritt – das sind nämlich die Sozialdemokraten, und also wählen sie uns. Im übrigen hat ein differenzierter Blick auf die Ziele einzelner Parteien im Osten nie existiert. Wenn ich noch an die Koalitionsverhandlungen bei de Maizière denke: Da saßen CDU und die Vertreter der Vorgängerparteien und die SPD an einem Tisch und verhandelten. Ein beträchtlicher Teil der SPD-Leute wollte die Koalition nicht. Ich auch nicht. Aber ich habe auch gesagt: Nun wollen wir uns doch nicht vorher aufregen, wir führen jetzt Koalitionsverhandlungen bis in die Details, und dann sehen wir, wo Differenzen sind, und so werden sich ganz von selbst Gründe ergeben, daß man nicht zusammengehen kann. Mit Hilfe der Bundestagsfraktion wurden von uns detaillierte Programme für die Sozial- und Gesundheitspolitik erarbeitet. Und was soll ich sagen? CDU und FDP haben von A–Z den sozialdemokratischen Vorgaben zugestimmt, nichts wurde grundsätzlich in Frage gestellt. Da war kein Unterschied zwischen den Parteien. Und demzufolge haben die Leute auch bei den späteren Wahlen im Osten bei den jeweiligen Parteien keine deutlichen Unterschiede gesehen. Der jahrzehntelange Kampf der Sozialdemokratischen Partei in den Altbundesländern um bestimmte soziale Dinge, demgegenüber die Sicherung gewisser Finanzpfründe in der F. D. P. oder in der CDU – solche Parteiendifferenzierungen trafen doch nicht für den Osten zu. Zunächst jedenfalls nicht. Also wußten die Leute auch gar nicht, was sie wählen sollten. Nein, ich möchte nicht, daß Krawall hochkommt, damit die Leute etwa SPD wählen. Ich möchte bloß, daß die Menschen eines begreifen: In einer solchen wirtschaftlich schwierigen Situation wie jetzt ist die Sozialdemokratische Partei diejenige, die sich am weitestgehenden mit diesen Sorgen und Nöten identifiziert und sich dafür einsetzt, daß der Sozialabbau gestoppt wird.

HANS-DIETER SCHÜTT: Und die PDS?

REGINE HILDEBRANDT: Auch. Bloß die Frage ist für mich die Sicherung der sozialen Komponente innerhalb der Marktwirtschaft. Da ist die SPD die einzige Partei, die mit dem nötigen Nachdruck dranbleibt, während die PDS meines Erachtens ja immer wie ein Halm im Wind herumschwankt, sich nicht entscheiden kann, ob sie nun gegen oder für das Grundgesetz und die Marktwirtschaft ist.

HANS-DIETER SCHÜTT: Hat Ihr Glaube an das Gute im Menschen auch mit Naivität zu tun?

REGINE HILDEBRANDT: Sicher, ich erwähnte es bereits. Aber wenn die gesellschaftlichen Verhältnisse den Egoismus zu einem systemimmanenten Bestandteil machen, das ist im Moment mein Problem, dann wird's eben bitter. Wenn ich von morgens bis abends damit konfrontiert werde, zu meinen finanziellen Gunsten irgendwelche Entscheidungen zu treffen, wenn ich tausend legale Steuertricks anwenden muß – na, wo soll denn da der klare Kopf für's eigentliche Leben herkommen? Bei jedem Paket, das ich schicke, denke ich sofort an die Quittung, und daß ich's von der Steuer absetzen kann. Vor allem und jedem steht ein Preis. Jeder rechnet, ob er in sein Wohnzimmer nicht noch 'nen Schreibtisch hinstellen und den auch noch von der Steuer absetzen kann. Und dann kommt unsereins und predigt von Zuwendung? Die Menschen werden antisolidarisch erzogen. Das ist nicht gut. Man wird zu sehr dazu erzogen, seinen Vorteil zu suchen, bei allen Dingen, die im alltäglichen Leben anstehen.

Hans-Dieter Schütt: In einem solchen gesellschaftlichen Kontext – ist es da gut, wenn auch eine Kirche reich wird?

Regine Hildebrandt: Nein. Das finde ich wirklich nicht gut, aber ich meine, darüber brauchen wir uns nicht zu unterhalten. Ich finde es auch nicht gut, wenn Parteien reich werden und Leute in der Hinterhand haben, die beim Kapital maßgeblich eine Rolle spielen. Die Geschichte der Kirche ist ohnehin eine wechselvolle Historie, in der sich immer wieder ein bestimmter Vorgang vollzieht: Glaube als zunächst etwas völlig Innerliches, gewinnt Gestalt; seine Kraft gerinnt zu handhabbaren, materialistischen, politischen Formen. Damit ist jedesmal die Gefahr gegeben, daß die Institution wichtiger wird als der Glaube selbst. Die Entwicklung der Kirche ist eigentlich nichts anderes als eine dauernde Bewegung gegen diese Gefahr, daß weltliche, politische Formen, in denen sich Glaube ausdrückt, zu weit weg geraten von den ursprünglichen Quellen und Inspirationen des Glaubens. Diese Diskrepanz kann zeitweilig schwer erträglich sein, und sie ist ein sehr gegenwärtiges Problem.

Hans-Dieter Schütt: Nennen Sie doch einfach mal ein paar Beispiele für gute Menschen?

Regine Hildebrandt: Albert Schweitzer! Der hatte als Theologe, als Musikwissenschaftler und phantastischer Organist nun wirklich eine gute, sichere Existenz – aber der studierte tatsächlich Medizin und ging nach Afrika. Solche Menschen wie er sind Symbol für eine Verhaltensweise, die sich vom Humanismus, von dringender Hilfsbedürftigkeit anderer Menschen leiten läßt. Das finde ich toll. Gute Menschen sind die, die sagen: Mein Gewissen ist mir wichtiger als alles andere. Aus meinem Verwandtenkreis kenne ich so viele Menschen, die integer gearbeitet und gelebt haben in der DDR, ohne drauf spitz zu sein, wie komme ich zu was, wie kriege ich die und die Position – nicht nur im staatlichen, sondern auch im kirchlichen Bereich. Nein, es sind Leute, die fragten nur, wie mache ich das möglichst gut, was jetzt zu tun ist, und wie kann ich es mit meinem Gewissen vereinbaren? Und ob das hinterher finanzielle Vorteile bringt oder die Karriere befördert, das ist überhaupt nicht wichtig. Ich nehme auch noch mal meinen Schwager, Herbert Hildebrandt, der die Berliner Domkantorei gegründet hat. Wir hatten jetzt gerade 30jähriges Bestehen. 1961 entstand die Chorgemeinschaft, völlig ohne Finanzierungsmöglichkeiten, also hat er das viele Jahre nebenbei gemacht, ehrenamtlich. Wir führten unsere Konzerte durch mit Mitgliedern des Berliner Sinfonieorchesters, und wußten effektiv nicht, wie wir alles bezahlen sollten. Dann erhielten wir von der Kirche einen Zuschuß, verkauften Eintrittskarten, haben geworben. Auf einmal verbot uns der Staat die Plakatierung. Da würde ein anderer vielleicht sagen, na, da können wir halt keine Konzerte mehr machen. Aber mein Schwager, wir alle haben uns was Neues einfallen lassen. Eine Hörerkartei! Über Jahrzehnte hielten wir fast nur aufgrund von Spenden durch, Tausende von Briefen falteten wir und tüteten sie ein, so informierten wir einen großen Hörerkreis. Natürlich waren im Chor auch Leute, die überhaupt kein Geld hatten. Wenn wir unser Essen selber kochten, damit's billig bleibt, stellten wir einen Topf hin und baten um einen Unkostenbeitrag von, sagen wir mal, 5 Mark. Wer's nicht hatte, der gab's nicht. Und wer mehr geben wollte, gab mehr. So machen wir das heute noch, und das klappt. Nicht mit 'ner Liste, auf der abgehakt wird, sondern als Gemeinschaft, die weiß, worum's geht. Dieses Durchhalten, dieses feste Wollen – wir machen Kirchenmusik für die Gemeinde, für die Krankenhäuser, fürs Konzertpublikum –, dieses Gottvertrauen und der Zusammenhalt, das alles war's! Unser Chor hat sich so einen Namen gemacht, wir waren im Ausland, und wir praktizieren eine Form des Zusammenlebens, die ist phantastisch. Wenn Sie im Gegensatz dazu westliche Chöre mit phantastischem Management sehen, dann sagen wir, genau das wollen wir nicht!

Hans-Dieter Schütt: Hätten Sie lieber einer anderen Nation angehört, oder sind Sie stolz darauf, Deutsche zu sein?

Regine Hildebrandt: Den zweiten Teil dieser Frage beantworte ich deutlich mit nein. Als Deutsche stolz zu sein, ist mir aufgrund der Erfahrungen aus dem Nationalsozialismus, aufgrund durchgängiger »strammer« Erziehungsprinzipien dieser Nation ein völlig abwegiger Gedanke. Ich bin Deutsche, das ist für mich selbstverständlich, und ich hab' auch nicht den dringenden Wunsch, etwa einer anderen Nation anzugehören – aber diese Gelacktheit im deutschen Geist, die stört mich gewaltig.

Hans-Dieter Schütt: Dennoch: Nennen Sie Länder, die Ihnen als Alternative in den Sinn kommen.

Regine Hildebrandt: Schweden, Norwegen, Finnland.

Hans-Dieter Schütt: Wofür sind Sie in Ihrem Leben dankbar?

Regine Hildebrandt: Daß ich ein Elternhaus hatte, in dem ich behütet aufwachsen konnte. Daß ich in eine evangelische Kirchengemeinde hineingestellt war, in der ich sehr viele Freunde und den Mann fürs Leben gefunden habe. Daß in meiner Familie trotz vielfältiger Probleme – meine jüngste Tochter hatte mit drei Jahren eine Leukämie, und es war nicht klar, ob sie das überleben würde – alles so gut ging. Daß es mir möglich war, in diesem Staat DDR trotz aller Schwierigkeiten zu studieren und tatsächlich eine relativ anspruchsvolle und mich wirklich ausfüllende Arbeit machen zu können. Vor allem aber: daß ich in allen Lebenslagen Menschen gefunden habe, die mich mit ihrem eigenen Leben reicher gemacht haben.

Hans-Dieter Schütt: Würde die Ministerin da auch »Wessis« einschließen?

Regine Hildebrandt: Ja. Wir haben 'ne Menge Leute aus dem Westen, die könnten wesentlich bequemer weiterleben, wenn sie im Westen geblieben wären. Nehmen wir nur den Olaf Sundt, das ist ohnehin mein Traum-Staatssekretär. Der war früher Präsident des Landesarbeitsamtes von Nordrhein-Westfalen in Düsseldorf. Ein Arbeitsmensch ist das, toll. Er kam aus seinem gepolsterten Sessel, nahm Abschied von funktionierender Technik und perfekter Organisation, vertauschte eine komfortable Eigentumswohnung mit einer Potsdamer Bleibe, wird hier Staatssekretär, arbeitet mit acht Niederlassungen, telefoniert sich die

Finger wund, schreibt jeden Brief alleine. Tun Sie mir also bitte den Gefallen und stimmen Sie nicht in den Chor ein, daß die Westkolonisatoren alles okkupieren, was Osten heißt. Obwohl ich natürlich auch weiß, es gibt in Westberlin Leute, die planen gleichsam eine zweite Karriere um die Ecke; die überlegen, wie sie in Brandenburg 'ne Stufe höher kommen könnten. Das stinkt mich an. So was möchte ich nicht. Es gibt 'ne Menge Bürokraten. Und Sie wissen ja: Ein Mensch bekommt Schuldgefühle, wenn er Menschen verletzt – aber ein Bürokrat kriegt nur Schuldgefühle, wenn er Vorschriften verletzt.

HANS-DIETER SCHÜTT: Sind Sie ein Mensch, der lange ohne Hoffnung auskommen könnte?

REGINE HILDEBRANDT: Ohne Hoffnung komme ich gar nicht aus, aber Sie müssen Hoffnung genauer definieren. Man muß nicht immer so 'ne großen Hoffnungen haben, die dann meistens zu Enttäuschungen führen. Man muß seine Erwartungen so gestalten, daß damit die nötigen Erfolgserlebnisse verbunden sind. Der Mensch muß durch's Leben kommen, oder? Deswegen ist es für mich eben sehr wesentlich, sich auch über kleine Dinge wahnsinnig zu freuen.

HANS-DIETER SCHÜTT: Angesichts der Weltlage, die zu verbessern ja eigentlich Intention jeder Politik sein müßte – hoffen Sie da noch auf die Menschheit, oder hoffen Sie mehr auf ein Wunder?

REGINE HILDEBRANDT: Warum schließen Sie denn nun den Menschen in das Wunder nicht ein? Ich bitte Sie! Sicher müssen wir aufpassen, daß die Schöpfung eines ihrer Wunder, nämlich den Menschen, nicht eines Tages zurücknimmt – aber ich gebe den Menschen nicht auf. Und wenn wir über Wunder reden, denke ich da zum Beispiel an die Wunder, die mit dem Herbst 1989 verbunden sind. Ich denke an Gorbatschow. An die Menschen in Polen, die uns kolossal viel Achtung abgerungen haben. Ich denke an Ungarn und die Tschechoslowakei. Also, für mich sind die Menschen immer wieder das eigentliche Wunder.

Hans-Dieter Schütt: Sie sprechen vom Wunder Mensch, und Wolf Biermann sagt, daß eigentlich alle DDR-Bürger Duckmäuser und im Prinzip Arschlöcher gewesen seien.

Regine Hildebrandt: Sie wissen ja, ich hab' für so vieles Verständnis, und eben auch dafür. Denn er überspitzt nur, was andere weniger deutlich sagen. So eine Verallgemeinerung ist hart, sie trifft auch die, die es am wenigsten verdient haben. Aber wenn ich an Wahlen oder bestimmte Demonstrationen denke, kann ich nur sagen, er hat recht. Wieviele haben denn in vorauseilendem Gehorsam dieses System bedient, ohne mit dem Herzen dabei zu sein? Der Opportunismus war doch umfassend, und man muß von millionenfacher Freiwilligkeit reden, sich unterzuordnen. Biermann könnte sich wohl gleichermaßen negativ auch über westliche Verhältnisse äußern. Und er macht es ja auch. Er ist halt der deutsche Intellektuelle, der das uralte literarische Genre der Beschimpfung neu aufleben läßt. Perfekt übrigens.

Hans-Dieter Schütt: Wolfgang Thierse formulierte kürzlich, die DDR könne nur bewältigt werden, indem wir sie uns noch einmal erzählen. Sich gleichsam in Ruhe hinzusetzen und Biographien aufzublättern, jeder seine eigene, erzählen, was an Leben so geschehen ist, das ist sicher eine Form, die auch Ihnen sehr entgegenkäme von der ganzen Art des menschlichen Umgangs her – aber ist so was überhaupt möglich, ist diese Ruhe überhaupt möglich angesichts sozialer Spannungen, die sich in Deutschland wieder aufbauen?

Regine Hildebrandt: Für so einen Weg wäre ich auch. Es wird dies ein langer Prozeß sein, und ich glaube, er hat bereits begonnen. Es muß nur so sein, daß man einander nicht nur die Sachen erzählt, die in der DDR besser gewesen sind, etwa die sozialen Belange. Das ist ganz wichtig, und wir kommen jetzt auf das zurück, worüber wir schon mal gesprochen haben: Man darf nämlich nicht den Schluß ziehen, unterm Strich war alles doch viel schöner in der DDR. Nein, so habe ich's nicht empfunden. Man darf nicht alle anderen Sachen verdrängen. Denken wir an die

Gefühle der großen Bewegung des 4. November 1989, dieses Aufstehen, dieses Gefühl von erneuerter Kraft. Das waren Momente, da wurden Menschen neu geboren. Und wie froh waren wir über das Ende des Vorhergegangenen. Solche Momente dürfen nicht vergessen werden, aber es liegt wahrscheinlich im Menschen drin, daß er alles, was schlecht ist, ziemlich schnell verdrängt. Vielleicht ist es auch gut so, weil ihn das in die Lage setzt, vieles zu überleben, immer wieder neu anzufangen, sich nicht erdrücken zu lassen von den Dingen. Wir dürfen die Leute nicht nötigen, sich so mit der DDR zu beschäftigen, daß nachher lauter Psychopathen herumlaufen, doch dürfen wir die Geschichte auch nicht wegschieben, weil sie vielleicht unbequem ist, und am Ende bleiben lauter Saubermänner und Sauberfrauen übrig.

HANS-DIETER SCHÜTT: Sind Kommunisten Ihre Feinde?

REGINE HILDEBRANDT: Auch in größter politisch-moralischer Konfrontation wird der politische Gegner für mich nicht zum Feind. Wir alle müssen immer wieder von neuem bereit sein, Freundlichkeit, Miteinander, Ehrlichkeit zu versuchen. Die Grundtugend des DDR-Bürgers war es ja, Stehaufmännchen zu sein. Wenn wir tausendmal niedergeschlagen werden, stehen wir wieder auf, fangen wir wieder von vorn an. Das ist unsere Aufgabe. Aber nie darf man der Versuchung erliegen, den anderen zum Feind zu stempeln. Das freilich schließt auch die Fähigkeit ein, sich falscher Umarmung zu entziehen.

HANS-DIETER SCHÜTT: In unserem Gespräch sind schon einige historische Daten gefallen. Welche Erinnerungen haben Sie zum Beispiel genau an den 9. November 1989?

REGINE HILDEBRANDT: Ach, die besten! Das war der 18. Geburtstag meines Sohnes. Entsprechend haben wir versucht, wie es damals noch üblich war, den Tag zu begehen, nämlich: schöne Feier mit vielen Gästen. An den Tagen zuvor hatte mein Sohn von der Jungen Gemeinde aus Besuch von der Patengemeinde Düsseldorf gehabt; am 4. November zu der riesigen Demonstration in Berlin waren die dagewesen. Am 9. November riefen sie frühmorgens gleich an, gratulierten dem Jan und erkundigten sich, was nun los sei in Berlin. Die Demonstration vom 4. November hatten sie noch gut in Erinnerung. Die Düsseldorfer wünschten meinem Sohn an diesem Morgen noch, daß er doch irgendwann mal die Möglichkeit bekäme, sie im Westen zu besuchen. Wenn die gewußt hätten!

Wir feierten diesen Geburtstag, aber der Tag erschien uns doch sehr eigenartig, völlig anders als sonst. Mein Mann war in der Französischen Friedrichstadtkirche, da wurde gerade in Berlin Lothar de Maizière zum neuen CDU-Vorsitzenden kreiert; das weiß ich deshalb so genau, weil Jörg beim Kaffeetrinken nicht dabeisein konnte. Früher sprachen wir auf Kindergeburtstagen nie über Politik, zudem waren wir uns ja stets völlig einig, deswegen brauchte man nicht über dieses Thema zu diskutieren. Aber an diesem 9. November! Der eine Patenonkel war inzwischen auch in der SPD, eine Freundin von mir, ebenfalls eine Patentante von den Kindern, war im Neuen Forum und kam aus Pankow, wir waren damals noch bei »Demokratie Jetzt« – es startete erwartungsgemäß eine sehr rege politische Debatte, die doch weitgehend an den Kindern vorbeiging. Und dann kam noch mein Mann, wie gesagt, aus der Französischen Friedrichstadtkirche ... Dadurch hörten wir überhaupt nicht Radio, unter Diskussionen wurde Abendbrot gegessen, mein Sohn hatte einen Freund da, der bei uns übernachten wollte, die jüngste Tochter war schon vorher ins Bett gegangen, erschöpft von der Feierei, naja, und die Jungs sind so gegen zehn auf ihr Hochbett gekrabbelt; sie pennten wohl auch gleich ein. Ich machte noch den Abwasch, und plötzlich klingelte das Telefon. Bekannte riefen an, ob unsere jüngste Tochter nicht mit ihrer Tochter und ihnen gemeinsam in den Westen gehen wollte, also über die Mauer. Na hoppla, wollten die uns verkohlen? Ich wusch weiter ab, hörte meinen Mann im Flur telefonieren, und nun wußten auch wir, was die ganze Welt längst erfahren hatte. Komisch, solche unerwartete geschichtliche Situation nimmt man mit einmal doch recht gelassen hin. Ich hab' nur gesagt, da gehen wir mal gucken, habe die Jungs geweckt und gefragt, ob sie mal mit nach Westberlin wollten. Die sind wie die Raketen hoch, auch unsere jüngste Tochter, die schon fest schlief, rüttelten wir wach: Hallo, Elske, willst du nicht mit nach Westberlin? Na, die wär' fast vom Hochbett runtergestolpert. Alle Mann haben wir uns angezogen und sind um halb elf runter zum Auto. Im Hausflur fiel mir ein – Mensch, wir müßten eigentlich meinen Schwager und meine Schwägerin mitnehmen. Mein Mann also wieder nach oben und die aus dem Bett geholt. Der Schwager ist mitgekommen, die Schwägerin hatte keine Lust, sie kriegte das wohl auf die Schnelle nicht so richtig mit. So, dann ging's im überfüllten Auto mit Kind und Kegel los. Wartburg-Tourist, den hatten wir gerade noch im Frühjahr '89 gekriegt, den Viertakter, für 36 000 Mark. Das war das Gesparte von Jahrzehnten. An die 20 Jahre hatten wir auf das Ding gewartet. Wir nun los, mitten in der Woche war's ja, in Ostberlin, da sind normalerweise die Bürgersteige hochgeklappt um die Zeit abends. Aber die Schönhauser Allee runter trafen wir auf eine Karawane, als ob da eine Demonstration angesagt sei. Ein riesiger Strom in Richtung Bornholmer Straße. Die war schon total blockiert, da ging kein Auto mehr hin und keines mehr her. Mein Mann hat irgendwo geparkt, die Kinder sprangen aus dem Auto, sie wollten schon mal vorausrennen, wir sahen sie die ganze Nacht nicht wieder. Meine jüngste Tochter war ohne Ausweis in den Westen gezogen. Den hatte mein Mann; verzweifelt versuchten wir, das Mädchen zu finden, aber wir fanden es natürlich nicht. An der Bornholmer Straße war alles gedrängt voll, bewegte sich kontinuierlich in Richtung Westen, dort hatten die Menschen inzwischen den Durchbruch geschafft, was übrigens an der Invalidenstraße um die Zeit, es war 23 Uhr, noch nicht so war. Dort waren Freunde von uns hingegangen, sie sind nicht rübergekommen. Neben uns stand ein Mann auf der Ostseite mit 'nem großen Hund, wahrscheinlich hat er nur mal »Gassi« gehen wollen. Nun saß der Hund da und guckte, und der Mann sagte: »Ja, guck dir das ruhig an!« Zum Köter! Ja, das war nun die Stunde, von der an es auf ewig vorbei sein sollte mit der Ruhe drüben in Westberlin. Die Leute haben sich über die stinkenden Trabis gefreut, über die neuen Besucher; Blumen waren da und Sekt und aller mögliche Krempel. Mein Mann ist zu seiner Schule im Wedding gegangen, er kannte sich da blendend aus – im Gegensatz natürlich zu den Ostberlinern, die rüberkamen über die

Bornholmer Straße und fragten, wo ist denn hier der Kudamm. Es war rührend.

Unsere Kinder, das erzählten sie uns später, sind mit einem jungen Mann aus Westberlin mitgegangen, der zeigte ihnen die Stadt. Jans erster Gedanke war, Mensch, wir sind im Westen, jetzt müssen wir die Freunde aus Düsseldorf anrufen und ihnen sagen, ihre Wünsche von heut' früh sind schon in Erfüllung gegangen. Die Telefonzellen waren aber völlig überfüllt. Auch wir sind durch die dunklen Straßen gegangen, dann in 'ne Gaststätte rein, am dortigen Telefon standen drei Leute, die telefonierten, wollten dem am anderen Ende der Leitung erklären, wie alles gewesen sei, aber derjenige, der den Hörer hatte, kam gar nicht dazu, weil seine beiden Frauen immer bloß brüllten: Wir sind da, wir sind da. Die am anderen Ende wußten wohl nun gar nicht, wo sie sind, also das dauerte 'ne Weile. Einfach irre. Ach so, die Kinder: Der junge Westberliner nahm sie mit zu sich nach Hause, da konnten sie telefonieren. Nachts um zwölf wurde erstmal in Düsseldorf angerufen, das war ein Hallo und ein Juchhu.

Kurz und gut: Unbeschreiblich, dieser Strom von Menschen in dem nächtlichen Berlin, so viele Leute mit einer solchen Freude hatte ich noch nie gesehen. Einige waren allerdings auch mit Kindern und Rucksack und Koffern gekommen, die dachten, wer weiß, was wird, machen wir Nägel mit Köpfen und gehen gleich ganz rüber.

Auf dem Rückweg, schon wieder im Osten, sehe ich auf einmal Leute mit frischen Pfannkuchen. Ich denke, das kann ja wohl nicht wahr sein. Aber da hat tatsächlich ein Bäcker in der Bornholmer Straße angefangen, seine Pfannkuchen schon vor Mitternacht zu backen; die hatten den Laden auf und ich hab' gedacht, das ist ja hier schon wie im Westen. Dann sagten wir uns, nun gucken wir mal zum Brandenburger Tor. Das war für mich noch phänomenaler! Nicht der reine Freiheitsumbruch, nein, das war noch ein Blick ins deutsche Zwischenreich. Man ahnte den Todesstreifen, hier hatte noch die Angst ihren Platz. Dieses fahle Licht, die Absperrung, dahinter die Mauer am Pariser Platz, drei Meter hoch, da standen die ganzen Leute drauf, da fuhr die Polizei. Wir wußten nun nicht, kann man nu oder kann man nich'.

Aber da kamen die ersten schon durch und haben gesagt, alles sei geöffnet. Doch da war auch noch Polizei und auch noch Armee. Mein Mann ist ja sonst nicht so sportlich, plötzlich aber zog er mich mit, wir sind über die Geländer geklettert, und ein alter Berliner meinte noch, hier sei wohl der Übergang für Artisten. Irre. Dennoch war mir wohler, als wir wieder draußen waren aus dieser Gegend ums Tor herum. Wir sind nach Hause und haben überlegt, was wohl mit unseren Kindern sei. Die riefen plötzlich aus Charlottenburg an, von meiner Cousine, die hatte die Kinder noch verwöhnt, sie waren mit dem Auto durch ganz Westberlin gefahren. Naja, und dann haben sie bei uns zu Hause angerufen.

Wir waren beruhigt. Aber ich habe gesagt, ihr müßt zurückkommen, wir sind schließlich Preußen. man kann nachts machen, was man will, aber am nächsten Tag geht's zur Schule. Wollten sie überhaupt nicht, aber wir haben's verlangt. Ich sagte noch, kommt aber übers Brandenburger Tor, da müßt ihr unbedingt über die Mauer klettern und durch. Meine Cousine fuhr sie hin, doch da hatten sie inzwischen das Ding wieder dichtgemacht. Es ist ja dann erst zu Weihnachten aufgemacht worden.

Hans-Dieter Schütt: Und, mußten Ihre Kinder nun am nächsten Tag in die Schule gehen?

Regine Hildebrandt: Na selbstverständlich, ich bin ja auch arbeiten gegangen, also das möchte nun wirklich sein!

Hans-Dieter Schütt: Was war das nun für ein Gefühl, daß die Mauer weg ist?

Regine Hildebrandt: Wir sprachen ja darüber, daß ich in der Bernauer Straße großgeworden bin. Mein Mann auch. Der hat richtige Mauerträume gehabt, die hatte ich nun nicht. Aber das ständige Bewußtsein, daß hier eine unrechte Grenze ist, daß hier eine Trennung von Dingen stattfindet, die zusammengehören, dieses Bewußtsein hat mich über viele, viele Jahre begleitet. Wir sind mit diesem sogenannten antifaschistischen Schutzwall die ganze Zeit ja irgendwie konfrontiert worden. Auf der einen Seite meinten wir, an sich sei die Mauer ein Ding der Unmöglichkeit, aber andererseits wußten wir, der totalitäre Staat DDR hätte sich nicht anders halten können. Wenn die Mauer weg gewesen wäre, wäre mit ihr ein großer Teil der Leute weg, und die Wirtschaft würde total zusammenbrechen. Das war uns immer klar, und daß es mit den subventionierten Preisen und Dienstleistungen und so weiter nicht so weitergehen würde, war uns auch vorher klar. Also insofern wußte ich: Wenn die Mauer jetzt im November 1989 verschwindet, ist das mit enormen Verwerfungen verbunden. Die Illusion, daß diese Euphorie des 9. November erhalten bleiben würde, hatte ich nicht. Was ich mir mehr gewünscht hätte: daß sich ein wirklich solidarisches Gefühl der Westler aus diesen Novembertagen länger hält. Aber für viele Menschen in der Bundesrepublik war dieser Herbst '89 eben nicht so existentiell in seiner Bedeutung wie für uns. Verschließen wir auch davor nicht die Augen: Es hätte alles ganz anders verlaufen können. Ein Deng Xiaoping in Ost-Berlin, Leipzig oder Dresden hätte alles verderben können; oder ein nervöser sowjetischer Befehlshaber zwischen Elbe und Oder; oder ein Kreml-Herrscher, der im Namen des proletarischen Internationalismus der Bewahrung des Imperiums den Vorrang vor dem neuen Denken eingeräumt hätte. Noch weiß niemand, wie nahe wir einem Blutbad vielleicht gewesen wären, in dem die Freiheitsdemonstrationen der Ostdeutschen ertränkt worden wäre. Was aus heutiger Warte unabwendbar erscheint, hätte durchaus eine Wendung ins Tragische nehmen können. Für mich war dieser 9. November auch Anlaß zur Selbstbesinnung. Denn der aufrechte Gang dürfte künftig nicht nur dazu dienen, die Last der Vergangenheit abzuschütteln; Selbstbesinnung mußte die Parole sein und Selbstbescheidung.

HANS-DIETER SCHÜTT: In die Reihe dieser historischen Daten, die an den eben von Ihnen geäußerten Gedanken anknüpfen, gehört auch der 4. November. Welche Erinnerungen verbinden sich mit diesem Tag?

REGINE HILDEBRANDT: Wir erwähnten den Tag ja schon. Ganz entscheidend die Erlebnisse! Wir haben am Vorabend mit den

Verwandten bei uns zu Hause und auch mit Freunden Plakate gemalt für die große Demonstration. Üblicherweise waren wir ja Demonstrationsächter, aber am 4. November war das anders. Am Morgen sind wir mit Familie und Freunden rüber zum Alexanderplatz, und als ich um die Ecke komme und sehe dieses Krenz-Grinse-Plakat »Großmutter, warum hast du so große Zähne?«, da drehte ich sofort um und holte den Fotoapparat. Mit dem war ich stundenlang unterwegs und hab' 'ne Unmenge von Szenen geknipst. Besonders beeindruckend fand ich eine alte Dame, die sich ein Pappschild bemalt und umgehängt hatte, da stand groß, mit Handschrift geschrieben drauf: »Daß ich das noch erleben darf!« Das war Volkes Wille. Und alles so friedlich. An diesem Tag war ich glücklich.

HANS-DIETER SCHÜTT: Wir bleiben weiter bei Herbsttagen. Welche Erinnerungen haben Sie an den 3. Oktober 1990, den Tag der deutschen Einheit?

REGINE HILDEBRANDT: Ach, du liebe Zeit, das kann ich Ihnen ganz genau sagen! Ich war unterwegs im Lande, am 2. Oktober hatte in Ludwigslust eine Regionalkonferenz für Mecklenburg-Vorpommern zu Arbeitsmarktthemen stattgefunden. Hinterher war ich noch zu einem Gemeindetreffen eingeladen, das ging so bis 23 Uhr oder noch länger. Dort sagte ich einiges über meine Erfahrungen aus den Verhandlungen zum Einigungsvertrag und zu dem, was kommen würde, also daß die Menschen, vor allem die älteren, sich auf rauhe Zeiten einstellen müßten, Beispiel Rentenfrage. Da merkte ich schon, daß ich die Leute doch etwas verdattert gemacht hatte. Die waren ja in einer euphorischen Einheitsstimmung, und ich nun überhaupt nicht. Es war mir nicht möglich, diesen erwarteten Optimismus zu verbreiten. Ich hinterließ Verunsicherung, was mir in der Seele weh tat. Wir sind dann in Berlin eingefahren, als das große Feuerwerk in den letzten Zügen lag. Ich hatte keinerlei Ambition, mich vielleicht in irgendwelche Festivitäten einzumischen.
Zu Hause war meine Familie schon in die Betten gegangen, etwas traurig, denn eigentlich wollten sie noch mit einem Glas Sekt anstoßen. Ich holte kurz nochmal alle heraus aus den Fe-

dern, ein Momentchen unterhielten wir uns noch, auch mit unserer Oma, die ja mit im Haus wohnt. Jedenfalls konnte von Hochstimmung mit Sektkorkenknallen keine Rede sein. Am anderen Morgen war in der Philharmonie der Staatsakt, ich pilgerte mit meinem Mann hin, zu Fuß, und ich muß sagen, die Rede Richard von Weizsäckers hat mir doch erheblichen Mut gemacht. Er führte Zitate an von Briefen aus dem Osten, etwa von einer Frau, die ihm mitteilte, daß sie die Einheit will und die soziale Marktwirtschaft, aber daß sie den Eindruck habe, daß sie mit dem desolaten Ostsystem jetzt auch ihr Leben aufgeben müsse, und sie wisse nicht, ob sie das überleben könne. Ich glaube, ich habe Ihnen diesen Brief vorhin schon einmal zitiert. Ich dachte mir so, wenn es von den Westpolitikern begriffen wird, wenn wir ernst genommen werden, dann ist es schon viel wert, dann werden wir es auch schaffen und die Dinge so gestalten, daß dem Leben gerade solcher Frauen Rechnung getragen werden kann. Als ich mit meinem Mann später wieder nach Hause marschiert bin, von der Philharmonie durch den einstigen Todesstreifen hin zum Brandenburger Tor und dann die Linden runter, herrschte dort Volksfeststimmung, Himmel und Menschen waren unterwegs in alle Richtungen. Es schien wie Goethes »Osterspaziergang«, und da dachte ich, es wird was. Mein Herz schlug ziemlich freudig, ich hatte mich bei meinem Mann untergehakt, der Tag gefiel mir inzwischen. Um 17 Uhr sangen wir in der Berliner Domkantorei, mein Mann fuhr anschließend in die Nalepastraße, er war noch stellvertretender Intendant im Funkhaus Berlin und hatte Dienst. Ich lief mit meiner ältesten Tochter, die auch im Dom mitgesungen hatte, zum Alexanderplatz, weil ich dort für ein aktuelles Rundfunkinterview zugesagt hatte. Ich war gerade dabei, meiner Tochter zu erzählen, daß ich mit der deutschen Einheit so meine Schwierigkeiten hätte, mit diesem überschwenglichen Tag der Einheit, mit dem gar zu schnellen Beitritt. Aber ich erzählte ihr auch von der Rede Weizsäckers und meiner doch aufkeimenden Hoffnung in die Sensibilität der Politiker. Ich mache also auch ihr Mut, daß wir das schon hinkriegen werden – und wie ich so dabei bin, wir waren gerade unterm Fernsehturm an dem Springbrunnen, wo es relativ dunkel war, aber auch eine ganze Menge Menschen entlanglief, wie ich also dabei bin, auf sie einzureden, halb besorgt, halb schon wieder euphorisch, da hör ich auf einmal bloß klack, klack, klack und sehe, wie ein Pulk von jungen Leuten mit Schlagstöcken auf irgendeinen Menschen einschlägt. Auch einen kleinen Türkenjungen sehe ich, die plumpsen alle in das Becken des Brunnens rein, und ich dachte nur, jetzt bringen die den um. Wie eine Furie bin ich dazwischen und fing an zu brüllen, und auf einmal war das Ganze vorbei, als wäre es nur ein böser Traum, ein Spuk gewesen. Aber nicht etwa der kleine Türkenjunge war derjenige, den sie beim Wickel hatten, sondern es waren zwei Jungs aus Königs Wusterhausen mit kurzen Haaren und in Lederkleidung, sie waren offensichtlich von Radikalen angegriffen worden. Einer blieb auf dem Boden liegen, sie hatten ihn mit Füßen getreten, wir haben uns erstmal um den ohnmächtigen Jungen gekümmert. Er hatte eine tiefe Fleischwunde im Nacken. Er kam zu sich, wir haben Blut gestillt und ihn in die stabile Seitenlage gebracht. Also wissen Sie, da war mir nun schon wieder die Lust völlig vergangen. Verspätet kam ich zum Alexanderplatz, wollte gerade dieses, mein neues Erlebnis vom Tag der deutschen Einheit im Rundfunk zum Besten geben, war also mittendrin beim Erzählen, da ging das Theater am Alexanderplatz wieder los; Tränengaspatronen schossen durch die Luft, wir saßen in der Zille-Stube, unten und drüben am »Guten Buch« waren Randale. In einem ersten Rundumschlag hatten irgendwelche Chaoten die Scheiben eingedonnert vom Hotel Stadt Berlin und alle Autos, die da vorne standen, auf's heftigste demoliert. Später erzählte mir mein Mann, er habe im Funkhaus in der Nalepastraße gesessen und zugehört. Er hörte bloß noch, daß wir im Radio sagten, wir müssen jetzt abbrechen wegen des Tränengases, und im Hintergrund vernahm man schon die Polizeisirenen, dann wurde die Sendung abgebrochen. Meine Tochter und ich saßen mit tränenden Augen recht verunsichert, wir gingen am Hotel Stadt Berlin vorbei, da standen bereits die bewährten Truppen mit den entsprechenden Schildern, die Polizisten aus Nordrhein-Westfalen. Zu Hause rief ich erst mal meinen Mann an, daß wir gesund seien und alles in bester Ordnung ist. Das war mein Tag der deutschen Einheit.

Hans-Dieter Schütt: Das unterscheidet sich etwas von Ihren Empfindungen am 4. und 9. November.

Regine Hildebrandt: Das kann ich Ihnen sagen! Das unterscheidet sich sehr. Was auf die Welt vielleicht wie eine leidenschaftliche, selbstvergessene Umarmung wirkte – es war für mich nach diesem Erlebnis ein verzweifelter Versuch der Mund-zu-Mund-Beatmung; an diesem Tag hat das Bangen doch das Hoffen überwogen.

Hans-Dieter Schütt: Nun will ich auch noch wissen, was Sie von der Eröffnung des Brandenburger Tores im Gedächtnis behalten haben.

Regine Hildebrandt: Als alte Berliner Familie erlebt man so 'ne Sache wie die Öffnung des Brandenburger Tores natürlich in besonderer Stimmung. Am 22. Dezember sollte das Brandenburger Tor eröffnet werden, und ich hatte mich mit meiner jüngsten Tochter verabredet, wir wollten gemeinsam hingehen, ich hatte vor, meinen Dienst etwas früher zu beenden, um ja nichts zu verpassen … es regnete; Himmel und Menschen, wie man so schön sagt, waren wieder unterwegs, ich wollte noch ein bißchen knipsen als Hobby-Fotograf, ich hätte gern den stolzen Augenblick von oben aufgenommen, hab' aber freilich erneut die Bürokratie erlebt – ich durfte nicht nach oben. Ich wollte nämlich vom Balkon eines Verwaltungsgebäudes, von der Akademie der Pädagogischen Wissenschaften aus, fotografieren – die Polizei hat mich natürlich nicht rein- und nicht raufgelassen. Wir sind also auf Container geklettert, damit wir was mitkriegen, das war herrlich, nur war ich nicht bis ganz nach oben gekommen, deshalb reichte ich meinen Fotoapparat hoch, und irgendein freundlicher Fremder hat meine Fotos gemacht. Wir hörten die Rede von Momper und den anderen, die da vorn standen, danach folgte das unerträgliche, aber eben historische Drängeln durchs Brandenburger Tor. Das war wieder eins von den Massenereignissen, die ich normalerweise nicht gern wahrnehme, nur eben in ganz besonderen Fällen. An diesem Tag mußte es sein; ich war dabei, als das Tor geöffnet wurde, und ich bin froh darüber.

Dann ging's doch seinerzeit noch immer um die Eintrittsgebühren für die Westberliner in den Osten. Ich weiß nicht mehr ganz genau, die sollten ab 24. nicht mehr gelten, am 23. 12. waren wir jedenfalls dabei, wie üblich unseren Weihnachtsbaum zu schmücken. Wir haben immer einen besonders großen, der geht in der Altbauwohnung bis zur Decke, und am 23. ist großes Agieren und Vorbereiten. Da wird das Weihnachtszimmer eingerichtet und danach abgeschlossen; der Brauch stammt noch aus der Zeit, als die Kinder klein waren, aber so was hält sich ja. Wir waren also mitten im Wirtschaften, da klingelt's, und Verwandte kommen. Die hatten einen Spaziergang gemacht und ausprobiert, schon am 23. durchs Brandenburger Tor zu kommen – und da waren sie nun, ohne was bezahlen zu müssen! Daraufhin habe ich gesagt, dann gehen wir doch auch durchs Tor. Sie können sich ja vorstellen, mitten in dem Durcheinander, aber das macht nichts, Feste müssen gefeiert werden, wie sie fallen! Und wenn man denn noch Besuch aus dem Westen hat, noch dazu mit der epochemachenden Erfahrung, Geld gespart zu haben für den Eintritt nach Ostberlin – da ist doch unsereins freudig erregt.

HANS-DIETER SCHÜTT: Blenden wir jetzt eine ganze historische Strecke zurück: der 21. August 1968 – inwieweit war das ein besonderer Tag?

REGINE HILDEBRANDT: Da waren wir in Polen in Urlaub, mit der ganzen Familie, mit Freunden, wir befanden uns an der polnischen Ostsee, das war immer unsere Traumrichtung. Mein Schwiegervater wurde in Elbing geboren, am Frischen Haff, auf dieser Halbinsel zwischen Haffgewässer und Ostsee; eine ganz wunderschöne Landschaft, seinerzeit auch noch völlig unberührt. 1968 waren Jörg und ich verheiratet, wir hatten aber noch keine Kinder und waren also in einer Gruppe von vielleicht zehn, zwölf Leuten mit Fahrrädern unterwegs. Wir zelteten, und ich muß sagen, ich habe in den Dünen dort wunderschöne Urlaube erlebt, Zeiten, in denen kaum ein Mensch zu sehen war, in den Sommermonaten. Das hatte sich inzwischen auch geändert, wir sind gleichsam vertrieben worden von unserem Traumzeltplatz, den wir uns inmitten der Natur eingerichtet hatten, und sollten später dann auf die entsprechenden Zeltplätze ausweichen, die nun aber nicht sehr einladend waren. So zogen wir uns zurück ans Haff, auf das Gelände eines Bauern, dort durften wir weiterzelten. Auf die Art und Weise verlebten wir auch 1968 einen relativ ungestörten, unberührten Urlaub und sind auf dem Wege zurück nach Berlin gewesen, per Bahn. In der Nähe von Posen, mitten in der Fahrt, hörten wir die Nachricht vom Truppeneinmarsch. Wir wollten's einfach nicht für möglich halten, daß dies unter Beteiligung der DDR geschehen war. Wir verfügten damals noch nicht über so viele unmittelbare private Beziehungen zur Tschechoslowakei. Aber eine Freundin von mir, die an der Akademie der Wissenschaften, wiederum über Kollegen, mit Pragern im intensiven Kontakt stand, hatte uns regelmäßig, über die Berichte der Medien hinaus, von der Aufbruchsstimmung in der Tschechoslowakei berichtet. So wußten wir, welche Hoffnung und welcher tatsächlich kreative Initiativgeist zur Erneuerung des Sozialismus dort herrschte. Wir sind nach Berlin gekommen, gingen sofort in die tschechoslowakische Botschaft, damals noch in der Schönhauser Allee, und wir trugen uns in die Solidaritätslisten ein. Mir blieb leider nur ganz wenig Zeit, denn gerade hatte ich die einzige Kur in meinem Leben erhalten, und zwar in Jugoslawien. In der Zeit meiner Promotionsarbeit bei Berlin-Chemie hatte ich eine Tierhaar-Allergie gekriegt, die dazu führte, daß ich oft erhebliche Atembeschwerden, ja, regelrechte Asthma-Anfälle bekam. Das Institut für Berufskrankheiten, bei dem ich lange in Behandlung war, ermöglichte mir diesen Kuraufenthalt. Jugoslawien war die einzige Möglichkeit für so eine Klimakur. Die Stunde in der tschechoslowakischen Botschaft: furchtbar: Es ist so bitter, plötzlich wieder um eine Hoffnung ärmer zu sein.

HANS-DIETER SCHÜTT: Frau Dr. Hildebrandt, wir fahren im Auto in Richtung Potsdam, draußen beginnt es zu schneien. Wenn dieses Buch erscheint, ist der Winter längst vorbei. Jetzt dennoch eine Frage, deren Beantwortung wohl erneut viel zu tun hat mit Hildebrandtschen Lebensgeistern. Also: Was machen Sie zu Weihnachten?

REGINE HILDEBRANDT: Das, was ich jedes Jahr gemacht habe, auch da gibt es nämlich eine Familientradition.

HANS-DIETER SCHÜTT: Also erste Feststellung: Sie bleiben zu Hause?

REGINE HILDEBRANDT: Am 24. bleibe ich zu Hause, das will ich doch wohl hoffen, daß uns da nicht noch was dazwischenkommt. Der Tag ist relativ vollgepackt. 15 und 17 Uhr singen wir, und das seit 1961, in der Domkantorei zwei Christvespern. Das sind die unverrückbaren Eckdaten des Tages. In der Domkantorei sangen stets sehr viele Studenten mit, die waren über Weihnachten nicht in Berlin, demzufolge standen immer bloß ein paar Hanseln zur Verfügung, die die sogenannte Domvesper singen konnten. Die Besetzung bestand mitunter im wesentlichen aus Hildebrandtschen Familienmitgliedern: Mein Schwager als Domkantor, mein Mann und ich, dazu die übrigen, fünf Geschwister und drumrum inzwischen die Kinder und Kindeskinder. Wenn wir zwischen 15 und 17 Uhr singen sollten, erhob sich die Frage, was wir mit den Kindern und der Bescherung machen. Deswegen sind wir mit unseren Kindern am Heiligabend vormittags rausgefahren und spazierengegangen, so daß sie ordentlich müde waren, und dann brachten wir sie zur Oma, zu meinen Eltern. Während sie schliefen, sangen wir, und nach der zweiten Domvesper – zeitweilig gab's sogar noch eine dritte! – waren sie ausgeschlafen, die Bescherung konnte losgehen. So machen wir das heute noch. Vormittags wird gefragt, was haben wir denn an Landschaft »schön dichte bei«, und meistens geht's zum Faulen See in Weißensee, eines der wenigen Naturschutzgebiete im Berliner Stadtumfeld. Das ist der Ort, an dem unsere Kinder müde gemacht wurden; da wird gespielt, gesprungen, gerannt. Da gibt es eine Stelle, wo wir Samtfußrüblinge finden, eine Pilzsorte, die auch Frost gut verträgt, und manchmal gibt's Heiligabend tatsächlich noch Samtfußrüblinge in der Pfanne! Wir haben eine sehr große Wohnung, große Räume, einen großen Weihnachtsbaum, Schiebetür, durch die das Weihnachtszimmer von den anderen Räumen abgetrennt ist; ich habe darüber erzählt. Also auf die Art und Weise sahen die Kinder vorher nicht, wie die Sachen so zurecht gemacht wurden. Früher bauten wir noch Puppenhäuser, ausgestattet mit Elektrizität und Aufzug und Kamin und so. Ein wahnsinniger Aufwand! Also: In üblicher Weise kommt nach der Domvesper die Bescherung; mein Mann spielt auf dem Klavier, und wir ziehen ein, Oma mit dabei, dieses Jahr wird das erste Mal auch unser Enkelsohn mitfeiern; ach, das wird lustig. Früher – mal sehen, wie es dieses Jahr wird – ging viel Zeit drauf, um Pakete auszupacken, natürlich jene, die die Westverwandten geschickt hatten; aber auch untereinander schicken wir von Familie zu Familie so nette Kleinigkeiten, und die werden gemeinsam ausgepackt. Und was auch noch schön ist: Bei uns gibt es immer Ente zu Weihnachten. Jetzt sind die Kinder größer, da können Sie sich ja vorstellen, wir brauchen ein paar Enten mehr. Es wird gegessen und erzählt, dann packen wir noch die restlichen Pakete aus, und es wird noch ein bißchen erzählt.

Hans-Dieter Schütt: Hat der Weihnachtsbaum echte Kerzen?

Regine Hildebrandt: Ja, wir haben echte Kerzen dran, ein Baum ist schon mal abgebrannt, aber es hilft nichts, es müssen weiterhin richtige Kerzen sein. Na, dieses Jahr ist es ein bißchen anders als sonst. Diesmal singen wir noch die dritte Christvesper, um 23 Uhr im Berliner Dom. Nun sind ja die Kinder größer, da können sie gut und gerne mitkommen. Vor einigen Tagen haben wir schon ein Adventskonzert gesungen, a cappella, also 20 Leute, und da kam sogar mein Sohn mit. Er kehrte gerade aus Rumänien zurück. Sie haben Sachen hingebracht, Hilfsgüter, von der Methodistischen Gemeinde aus. Und das sind ja nun Tausende von Kilometern, die mit dem Auto zu bewältigen waren. Im wesentlichen fuhr er die ganze Zeit allein, fast 24 Stunden hintereinander, nur mit kurzen Pausen, da ist er also unmittelbar zu den Konzerten aus Rumänien zurückgekommen, nun können Sie sich vorstellen, der war völlig fertig, aber er war da!

Hans-Dieter Schütt: Wenn Sie in der Kirche singen, haben Sie eigentlich etwas dagegen, daß Leute einfach so in ein Gotteshaus gehen, auch wenn sie mit dem Glauben und den damit verbundenen Riten eigentlich nichts am Hut haben?

Regine Hildebrandt: Nein, im Gegenteil. Die Kirchen müßten viel mehr von Menschen aufgesucht werden. So ein Gebäude ist ein Ort der Ruhe und ein Ort der Schönheit, der architektonischen Harmonie, ein Ort der Sammlung. Wir wollten noch viel offener sein, damit Leute in die Kirche kommen, auch wenn sie das Metier bisher nicht kannten, im Sinne von Religionsvermittlung; aber es wäre schön, wenn möglichst viele Leute einfach in unseren Erfahrungskreis eintreten, daß sie einfach mal eine Orgel hören, einen Gottesdienst mitmachen und von der Meinung wegkommen, daß Kirche nur irgend was sei, was nach Weihrauch und Myrrhe und Jenseits duftet und wo ansonsten viel Lateinisch gesprochen wird. Das ist es ja nicht, sondern es geht um die Dinge des Tages und um die seelische Bewältigung dieser Dinge. Gerade in der jetzigen Zeit ist es notwendig, daß man sich auf andere Werte im Leben besinnt, statt lediglich danach zu trachten, eine schnelle Mark zu machen und endlich den Anschluß an westliche finanzielle Verhältnisse zu gewinnen. Schon in der Schule meiner Kinder habe ich Schüler immer ermuntert, mal mit zur Christenlehre zu kommen; unser Land durchzieht ja momentan eine geistige, eine seelische Verarmung, und die scheint auch logisch zu sein, wenn Leute nur noch damit beschäftigt sind, die eigene Existenz sichern zu müssen. Aber gerade deshalb sollte man sich mehr denn je dem nächsten zuwenden – wie es in der Kirche so schön heißt. Und das bedeutet, daß man sich um seine Familie kümmert, um den Nachbarn kümmert, um ein paar Leute, die jetzt am Rande leben und offensichtlich noch wesentlich schlechter dran sind als man selber. Wenn man da irgendwie vermitteln kann, braucht man doch nicht unbedingt gläubiger Christ oder Katholik zu sein.

Hans-Dieter Schütt: Wird bei Ihnen zu Hause viel ferngesehen?

REGINE HILDEBRANDT: Wir haben gar keinen Fernseher. Aber meine Mutter, eine Etage tiefer, die hat einen Apparat, und deswegen sind die Kinder und auch wir in der Lage, wenn wir was sehen wollen, uns das dort anzugucken, was so gut wie gar nicht geschieht. Daß wir keinen Fernseher bei uns in der Wohnung haben, war für uns eine Prinzipienfrage.

HANS-DIETER SCHÜTT: Und die Kinder, zu Weihnachten, sind die alle da? Wissen Sie, wieviel insgesamt am Heiligabend in der Wohnung sein werden?

REGINE HILDEBRANDT: Am Heiligabend, da ist nur die »normale« Familie da, das ist also nicht so schlimm. Sicher wird die Große kommen, sie ist ja verheiratet, das sind also mit Mann und Enkelkind drei, dann mein Mann und ich, das sind fünf, Elske ist allein, sind sechs, Jan wird wahrscheinlich mit seiner Freundin kommen, weil die schon seit längerer Zeit sehr eng zusammen sind, wären also acht, dazu meine Mutter, unsere Oma. Sind insgesamt neun. Das ist erstmal der engste Familienkreis. Meine Schwiegereltern wohnen eine Etage tiefer, denen ist es meist zu aufregend, aber vielleicht holen wir sie doch noch auf ein Stündchen hoch. Sonst sind obligatorisch am 1. Weihnachtsfeiertag – da trifft sich dann die gesamte Familie – etwa zwischen 20 und 30 Leute zum Familiensingen bei uns. Es wird Abendbrot mit allen gegessen, und hinterher erklingen Weihnachtslieder, vierstimmige Sachen und so.

HANS-DIETER SCHÜTT: Sie sind eine ausgesprochene Musik-Familie.

REGINE HILDEBRANDT: Mein Vater war bis zu seinem Tode Korrepetitor an der Staatlichen Ballettschule. Er hat mir das Klavierspielen beigebracht und meinem Bruder das Geigespielen. Auch mein Onkel spielte Klavier und dessen Sohn Posaune.

HANS-DIETER SCHÜTT: Sind Sie eine Mutter, die konkrete Vorstellungen von ihrem Schwiegersohn hat? Haben Sie sich da eingemischt?

REGINE HILDEBRANDT: Dazu kam ich gar nicht. Mein Schwiegersohn stammt aus Rumänien. Wir haben ihn im Prinzip zeitgleich mit meiner Tochter kennengelernt, er ist erheblich älter als sie, und zunächst hielten wir das für keine dauerhafte Regelung, denn sie war erst 16. Doch sie war sehr ausdauernd. Es gibt ja unterschiedliche Charaktere in einer Familie, und meine älteste Tochter hat am deutlichsten versucht, sich gerade in der Zeit als junges Mädchen von der Familie abzusetzen, sich von Gefahren der Bevormundung zu lösen. Jeder normale Hinweis wurde von ihr schon als Einschränkung empfunden, und deswegen hielt ich mich in Sachen Schwiegersohn weitgehend zurück. Mein Mann verstand es von vornherein phantastisch, schon in Ansätzen mein eingreifendes Verhalten zu kanalisieren. Wenn also Mutter wieder ganz genau festlegte, wer wen heiraten muß, und daß dies und jenes sowieso nicht in Frage käme, sorgte mein Mann für jene lockere Atmosphäre, die garantiert, daß man das alles nicht ganz so ernst nehmen darf.

HANS-DIETER SCHÜTT: Zu den Daten jüngster deutscher Geschichte gehört auch der Jahreswechsel 1990/91. Wie haben Sie den erlebt? Waren Sie auch da am Brandenburger Tor dabei?

REGINE HILDEBRANDT: Wir Hildebrandts, Sie wissen das inzwischen, sind Flüchter von Massenansammlungen. Selbst bei Kirchentagen habe ich da meine Schwierigkeiten. Wenn es möglich ist, fliehen wir, wo Massen sich auf die Beine machen. Demzufolge wäre ich auch 1990 nie ans Brandenburger Tor gegangen, wenn wir in Berlin gewesen wären. Aber wir sind seit vielen Jahren Silvester ohnehin nicht in Berlin, sondern bei Freunden von uns. Die wohnten erst in Angermünde, da waren wir Silvester immer im Angermünde, sind um Mitternacht auf die Mudrow-Berge gestiegen, haben uns Angermünde in Flammen angesehen, also das Feuerwerk dort erlebt. Das war immer sehr schön, weil wir in jeder Witterungslage auf die Berge stiegen, manchmal mit Skiern, oft sind wir durch den Matsch gelatscht, mit Gummistiefeln. Angermünde war Tradition, jetzt aber sind die Freunde nach Chorin umgezogen, daraufhin fuhren wir Silvester dorthin. Nun hatte mich der SFB gebeten, bei einer Jahresabschlußveranstaltung mitzuwirken, und deswegen sind wir, wie üblich, mit der Familie am Silvestertag nach Berlin gefahren, haben eine Wanderung gemacht, und zu besagter Abschlußsendung fuhr ich in die Westberliner Masurenallee, in der Hoffnung, daß uns das neue Jahr was Besseres bringt. Die versammelten Zugucker hab' ich noch mit ein paar grünen Zweigen aus der wunderschönen Umgebung von Berlin, aus dem Terrain Kloster Chorin gegrüßt – danach fuhr ich wieder zurück, wir schauten uns von einem Berg aus das Feuerwerk in Chorin an und verbrachten mit engagierten Leuten der Bürgerbewegung die Silvesternacht. Von den Berliner Vorkommnissen haben wir praktisch erst am nächsten Tag erfahren. Ich fand die Zerstörungswut der Leute am Brandenburger Tor furchtbar.

HANS-DIETER SCHÜTT: Gehören Sie zu den Familien, die sich für das neue Jahr was vornehmen?

REGINE HILDEBRANDT: Nö, so nicht. Aber auch da haben wir unsere Tradition gehabt, die Kinder führten immer ein sehr schönes Silvesterprogramm auf. Daß man sich für's neue Jahr was vornimmt, das war bloß bei meinen Eltern üblich. Zur Debatte standen immer bedeutungsschwere Dinge, die nie eingehalten wurden. Diese feierliche Tour, die haben wir nicht so drauf.

HANS-DIETER SCHÜTT: Ich möchte Sie zum Schluß noch nach der Zeit als Ministerin in der letzten DDR-Regierung befragen. Wie sind Sie eigentlich Ministerin geworden, wie haben Sie's erfahren?

REGINE HILDEBRANDT: Vom Ausschuß, der Arbeitsgruppe der SPD, wurde ich zaghaft ins Gespräch gebracht, und ich hielt das gleich für abwegig. Die Fraktionsleitung, damals noch unter Richard Schröder, hat sich den Vorschlag notiert, aber es wurden Überlegungen angestellt, ob nicht doch jemand anders in Frage käme. Am gleichen Abend, wie sich's gehört, stiefelte ich zur Chorprobe, und kurz vor Probenende ging die Tür auf und zwei Herren kamen rein, es sah aus wie früher, die Stasi schien zu grüßen. Es handelte sich um meinen späteren Staatssekretär Alwin Ziel, der jetzt in Brandenburg Innenminister ist, und Ulli Wente, meinen jetzigen Büroleiter. Man holte mich von der Chorprobe ab, um mich zur Fraktion zu holen und dort noch mal ernsthaft zu überlegen, ob ich nicht doch Ministerin werden sollte. Die Fraktion saß in diesem ehemaligen ZK-Gebäude der SED, wir erörterten die Sache, aber auch am nächsten Tag blieb die Entscheidung offen, und es ist sowieso mein Prinzip, daß man sich den Kopp erst heiß machen soll, wenn's wirklich so weit ist und nicht schon vorher. Aber dann kam der Tag! Das war mitten in der Fraktionssitzung, es gab noch mal ein kurzes Statement und die Abstimmung dazu. Da tauchte plötzlich noch ein Mensch aus Sachsen auf, der sein Interesse angemeldet hatte, aber das ärgerte mich, weil ich merkte, der hatte sich überhaupt nicht reinvertieft in die Materie, der hatte ja in einem völlig anderen Ausschuß mitgearbeitet, und ich meinte, das geht ja denn doch nicht. Also sagte ich zu! Das Schönste war, gleich für den Abend war eine Fernsehsendung angesetzt zur Hilfe für Menschen in der ehemaligen DDR mit Behinderungen. Es wurde entschieden, ich solle da hingehen, das war praktisch ein Tag vor der Volkskammersitzung und der Vereidigung. Ich also raus zum Adlershofer Fernsehen. Normalerweise denkt man ja, was sollst du denn im Fernsehen, hast ja sowieso nichts zu sagen. Aber wissen Sie, es ist für mein weiteres Selbstbewußtsein ganz wichtig gewesen, daß ich mich an diesem Abend vor der Kamera überhaupt nicht fürchtete, daß ich keine Hemmungen spürte, daß ich das Gefühl hatte, daß von Anfang an alles sehr normal lief. Ich benahm mich wie immer, hatte mich vorher noch ein wenig schlau gemacht, hatte mir auch ein Kuvert mitgenommen und gleich in der Fernsehsendung die Adresse gezeigt, an die Menschen mit Behinderungen, denen Unrecht widerfahren war, sich sofort wenden sollten, also ans Ministerium, an die Fraktion. Eigentlich wußte ja niemand, auch von meinen Bekannten keiner, wer nun Minister werden würde; nun sahen sie mich alle im Fernsehen, und auf einmal wurde unten eingeblendet »designierte Ministerin für Arbeit und Soziales der DDR«, und da brach natürlich ein großes Hallo los. Das war also am Tag davor. Und dann die Vereidigung selbst. Also wissen Sie, im Prinzip ist dieses ganze Protokoll abartig. Diese Vereidigung war am Gründonnerstag, danach sind wir ins Ministerratsgebäude gegangen, das schlägt mir ja heute noch auf den Magen. Diese kalte Atmosphäre in dem Haus, die Bewachung, die Kontrolle, diese vielen Gänge, in denen man sich nicht zurechtfindet. Dann in den Saal rein, wo die Kabinettssitzung war, und da noch das riesengroße Emblem mit allem Drum und Dran an der Wand – es war schlichtweg makaber.

HANS-DIETER SCHÜTT: Bleiben wir noch ein wenig in der ehemaligen DDR. Ihr Ministerium hatte ja vor allem die Aufgabe gehabt, ein annehmbares soziales Netz für alle Bürger zu knüpfen – soweit das überhaupt machbar war. Wie hätte das geschehen können, wenn nicht die Wirtschaft entsprechende Voraussetzungen schuf?

REGINE HILDEBRANDT: Das peinliche Hickhack um Zahlen und Summen, um Kosten und Kassensturz wurde ja weltweit vor laufenden Kameras offeriert. Damit haben unsere Parlamentarier ganz offensichtlich weder Furore gemacht noch Vertrauen gewonnen. Es war schon so, daß die Sozialdemokraten zwar in Sachentscheidungen ihres Ressorts einbezogen waren, wenn es um den Staatsvertrag ging. Doch alle entscheidenden finanziellen Fragen machte die CDU in Ost und West mit Herrn Staatssekretär Krause an der Spitze unter sich aus. So wurden wir immer wieder aufs neue überrascht und vor vollendete Tatsachen gestellt. Ich will mal gelinde ausgedrückt sagen: Die Zeiten waren nun einmal so. Deutlicher: Die CDU hat uns in vielem mächtig über'n Löffel balbiert, was ja nicht zuletzt am Bruch der Koalition deutlich wurde. Da wurde eben nicht mit realistischen Zahlen gearbeitet, da wurde jongliert, da wurden die Kosten der Einheit offenbar ganz bewußt runtergespielt.
Lange Zeit wurden völlig widersprüchliche Aussagen zur Lage der Wirtschaft gehandelt – als die Lage dann offenkundig wurde, waren ja auch schon die ersten hunderttausend Arbeitslosen da. Übrigens platzte die Koalition vor dem Montag, an dem mein Staatssekretär bei wichtigen Verhandlungen zum Einigungsvertrag anwesend sein sollte. Also war keiner von uns

bei den Verhandlungen. Ich hätte dem Staatsvertrag in der Form als Ministerin nicht zugestimmt.

HANS-DIETER SCHÜTT: Nun hatten Sie in der Regierung de Maizières von Beginn an wenig Spielraum. Woran haben Sie diesen Spielraum gemessen?

REGINE HILDEBRANDT: Ich messe Spielraum gern an konkreten Dingen. Wir Sozialdemokraten haben im Kabinett von de Maizière durchgesetzt, daß im Staatsvertrag die 495 Mark Mindestsicherung der Rentner festgehalten werden. Es darf nicht vergessen werden, daß Bonn und vor allem Blüms Ministerium geradezu Amok gegen diese Regelung liefen.

HANS-DIETER SCHÜTT: Es ging Ihnen ja auch um die Witwenrenten, oder?

REGINE HILDEBRANDT: Ja, wir wollten, daß auch Witwenrenten zusätzlich gezahlt werden. Das wir das nicht erreichten, hat im Lande viel Leid ausgelöst. Unterschiede in der Lebensarbeit sind damit verwischt und Ungleichstellungen aufgetürmt worden. Das ist einer der Fehler, die ich mir ankreide. Wir sind einfach nicht hart genug geblieben, konsequent genug. Das ist die Gefahr in diesem aalglatten Politikgeschäft: Man sagt ja zu etwas, was unter Realismus verkauft wird, im Grunde aber ist es Verrat an den Menschen, deren Vertrauen man trägt.

HANS-DIETER SCHÜTT: War es denn überhaupt richtig, in diese Regierung zu gehen? Als Partei?

REGINE HILDEBRANDT: Als man sich der Sozialdemokraten entledigt hatte, lag doch der vorher kaschierten und etwas verbogenen Gemeinsamkeit nichts mehr im Wege. Demnach kann man schon sagen: Ohne Sozialdemokratie wäre im Einigungsvertrag noch weniger für die Menschen herausgekommen.

HANS-DIETER SCHÜTT: Das heißt, Sie ahnten nichts davon, daß die SPD im Grund nur der Prellbock sein sollte?

REGINE HILDEBRANDT: Sie wissen ja, ich bin von Natur aus ein vertrauensseliger Mensch, ein Optimist. Ich hatte den Eindruck, daß die CDU tatsächlich die Einheit so sozial verträglich wie möglich für die DDR-Bürger gestalten wollte. Ich glaubte den Beteuerungen, dazu brauchten sie eine möglichst breite Basis in der Bevölkerung. Bei der praktischen Arbeit kam es dann aber zu offenen, eiskalten Diskriminierungen der Koalition. Das hat mir sehr weh getan. Ich denke immer etwas einfacher: Vertrauen gegen Vertrauen. Ich gehe nicht davon aus, daß das Schlechte dem Menschen zuallererst innewohnt. Und ich konnte mir eigentlich auch nicht vorstellen, daß es der CDU in so schwieriger Situation, in menschlich so fordernder Zeit zuvörderst um Parteipolitik ging. Ich als aktives SPD-Mitglied habe so was immer in den Hintergrund gestellt. Naja, das wird dann als naiv abgestempelt, schönen Dank.

HANS-DIETER SCHÜTT: Sie waren vor allem diszipliniert. Denn Sie haben sich doch gegen diese Koalition ausgesprochen, mehr als einmal?

REGINE HILDEBRANDT: Stimmt, ich war bis zum Schluß gegen diese Koalition, wirklich, bis zum allerletzten Moment. Selbst dann noch, als man mich längst schon als Ministerin handelte. Wie sollte ich nach diesem ekligen Wahlkampf denn anders denken können. Also das war ich meiner Ehre schon schuldig. Aber in den Koalitionsgesprächen stellte sich heraus, daß es mit der CDU in sachlichen Fragen (zunächst!) keine gravierenden Differenzen gab, und so habe ich mich dem Fraktionsbeschluß gebeugt. Wobei wir zunächst ziemlich verstritten waren; keiner hat doch gedacht, daß wir uns mit der CDU würden einigen können, sowohl in der Partei insgesamt als auch in der Fraktion. Doch überraschenderweise kriegten wir Positionen durch, von denen wir dachten, die akzeptiert die CDU nie.

HANS-DIETER SCHÜTT: Waren da zunächst auch einfach nur Vorurteile gegenüber der CDU?

Regine Hildebrandt: Diese CDU war eben eine einstige Blockpartei, da kann man die Sache drehen, wie man will. Diese Partei hat in ihrem Aufbruch gewissermaßen den Durchschnitt des DDR-Bürgers zu ihrem Programm gemacht. Anfangs hatte sie also wenig an wirklicher CDU-Linie à la Bonn. Aber dann machten die Kollegen West den Schülern Ost klar, wie der Hase zu laufen hat. Leichte Schläge auf den Hinterkopf erhöhen das Denkvermögen – zynisch, aber wahr. Ich denke, daß die im Koalitionspapier festgelegte Linie stark abwich von der erlebten Regierungspraxis. Bonn saß sehr früh mit am Tisch, wenn die Ost-CDU ihre Stimme erhob.

Hans-Dieter Schütt: Was ist daraus zu lernen?

Regine Hildebrandt: Was ich lernen soll? Der Mensch muß sich selber treu bleiben, es ist immer wieder die gleiche, abgenuddelte Wahrheit. Bei mir, ich habe es auch Ihnen schon mehrfach gesagt, steht immer die soziale Seite im Vordergrund. Beim Nationalem werde ich argwöhnisch. Die Deutschen sind da schon des öfteren über's Ziel hinausgeschossen. Und auf diese nationale Bremse trete ich, obwohl mir beim Gedanken an den Fall der Mauer wohl lebenslang ein Glücksschauer über den Rücken laufen wird.

Hans-Dieter Schütt: Wie empfanden Sie die Ausfälle Günther Krauses gegen Sie, der Ihnen ja auf Volkskammertagungen anscheinend am liebsten den Mund verboten hätte?

Regine Hildebrandt: Das klang mir verdammt nach gehabter SED-Art: Am besten setzt sich das eigene Argument durch, wenn man dem anderen den Mund verbietet. Das erinnert mich immer wieder an die Unfairneß, mit der die Koalition aus den Angeln gehoben wurde. Ich ging in meiner Tätigkeit davon aus, daß wir jetzt endlich Abgesandte mündiger Bürger sind, die die Wahrheit vertragen und ein Recht auf Ehrlichkeit haben. Herrn Krauses Attacke war ein Angriff auf den Wähler, der Versuch, ihm nicht reinen Wein einschenken zu müssen, sondern vor ihm etwas zu verbergen. Daß ausgerechnet mir Panikmache unterstellt wurde, fand ich besonders schlimm. Wo ich doch über die ganze Zeit versucht hatte, Zuversicht zu verbreiten, allerdings auf realistischer Grundlage und nicht vom Wolkenkuckucks-heim aus. Ich habe immer das gesagt, was ich denke und was ich sehe. Und mein Bestreben wird auch weiterhin sein, keine Hektik zuzulassen, sondern zu analysieren, wie sich die Dinge tatsächlich verhalten. Ich sage mal, ohne überheblich sein zu wollen: wie es sich eben für einen Wissenschaftler gehört. Ich muß immer wissen, ob die Mittel zum Handeln die richtigen sind.

Hans-Dieter Schütt: Welches war denn bei den Verhandlungen um den Staatsvertrag der Kernpunkt des Streits?

Regine Hildebrandt: Was hier zum Vorschein kommt, ist keine soziale Marktwirtschaft. Das Problem des Übergangs wurde unterschätzt. Daß es das freie Spiel der Kräfte schon richten wird, erwies sich doch als völlig absurd. In Westdeutschland gab's einen Boom, und wir sind das Armenhaus. Da muß sich nach wie vor schleunigst was ändern, sonst schaffen wir es auch in den nächsten fünf bis zehn Jahren nicht. Die Verantwortlichkeit der Bonner Regierung hätte viel früher einsetzen müssen.
Eine Schlüsselfrage bei den Staatsvertragsverhandlungen waren immer die Finanzen. Die sind schon beim ersten Staatsvertrag unter Ausschluß der Verhandlungsrunde, zu der die Sozialdemokra-ten gehörten, geregelt worden. Wir konnten nur mitreden, wieviel Bedarf besteht. Zum Beispiel forderten wir für die Landwirt-schaft ein Vielfaches von dem, was dann kam. Ein größerer Ein-fluß unsererseits hätte sicherlich mehr Druck erzeugt und für die Menschen hier mehr erreicht. Mein Kollege Dr. Romberg ver-suchte es ja beim Einigungsvertrag.

Hans-Dieter Schütt: Auch so ein Lästiger.

Regine Hildebrandt: Na klar war er lästig, wo doch die Ver-handlungen zum ersten Vertrag so schön friedlich verlaufen wa-ren. Sehr bald aber zeigten sich die Folgen. Denn vieles, was sich dann in den neuen Bundesländern abspielte, verdankten wir dem zu engen Finanzkorsett des ersten Staatsvertrages. Es sind prophylaktisch keine Programme entwickelt worden für die Infrastruktur, es war im Staatsvertrag zu wenig finanzielle Untersetzung gebracht worden, und deswegen kam wenig in Gang und so manches zu spät. Nach dem 3. Oktober freilich konnte die Bundesregierung nicht mehr sagen, das hat ja die DDR falsch gemacht. Sie war dann direkt zuständig, und das arrogante »Argument« entfiel, die östlichen »Hobbyminister« hätten da ja ihr Unwesen getrieben.

HANS-DIETER SCHÜTT: Bonn tat ein wenig so, als könnten die DDR-Politiker nicht mit dem Geld umgehen.

REGINE HILDEBRANDT: Das war das Perfideste! Was heißt hier, wir wären schludrig mit dem Geld umgegangen? Jeder wußte doch schon damals, daß nach der Währungsunion keine Unterschrift mehr ohne Waigel und seine Experten zustandegekommen ist. Streichungen, Kürzungen, alles ist ihm im Detail bekannt gewesen. Weil Sie mich vorhin fragten, was ich gelernt hätte, vielleicht noch das: Als Sozialdemokratin werde ich mich nie, ich wiederhole: nie, zu falschen, voreiligen Versprechungen hinreißen lassen.

HANS-DIETER SCHÜTT: Was ist für Sie Widerstand?

REGINE HILDEBRANDT: Ach, warum stellen Sie die Frage mir? Ich bin kein Widerständler. Aber natürlich habe ich über dieses Thema nachgedacht. Widerstand ist das Recht des einzelnen Menschen, sich einzumischen. Das Kleine, Normale, Tägliche, was einem lieb und teuer ist, gilt es standhaft zu verteidigen und zu bewahren. Wenn jeder wartet, bis ein anderer anfängt, ändert sich nichts. Warum mischen sich so viele Menschen nicht ein? Weil sie es nicht gelernt, nicht versucht haben, weil man es ihnen verboten hat, weil in der Familie kein Klima der Konfliktschulung herrscht, weil die Schule zur Anpassung erzieht, weil Gegenstimmen immer irgendwie verdächtig sind. Aber es ist ein Genuß, Gegenstimme zu sein, wirklich.

Hans-Dieter Schütt: Sie sind aus der Regierung herausgedrängt worden. Hatten Sie schon sehr früh gespürt, daß Sie mit ihrer unbequemen und fordernden Art jemandem querlagen?

Regine Hildebrandt: Da lagen immer unterschiedliche Leute quer. Ich war da nicht die Komplizierteste, nicht das größte Ärgernis. De Maizière hatte sicher sehr früh seine Konzeption über Abschußkandidaten im Kopf, ich glaube, da gehörte ich gar nicht mal unbedingt dazu. Also insofern hat das mit Persönlichkeitsstruktur kaum was zu tun. Eine andere Frage war, ob man eben mit de Maizière gut klarkam oder nicht; und da war ich ihm mit Sicherheit zu emotional, zu direkt, zu intensiv. Ich möchte aber hinzufügen, auch er bemühte sich durchaus um ein wirksames soziales Engagement als ehemaliger DDR-Bürger.

Hans-Dieter Schütt: Die Hamburger »ZEIT« dokumentierte Ihren Ausspruch, Lothar de Maizière sei in Ihren Augen ein »sturer Bock« gewesen. Wie würden Sie ihn denn nach all dem, was in seiner Regierungszeit geschehen ist, charakterisieren?

Regine Hildebrandt: Für mich ist entscheidend, daß Lothar de Maizière ein typischer Anwalt ist. Er vertritt die Interessen seines Klienten, unabhängig davon, ob er tief innen drin der Überzeugung ist, daß der zu Vertretende im Recht ist oder nicht. Ich bin aber ein Mensch, der für so was nicht geeignet ist. Ich kann mein Herz nicht draußen lassen. Ich kann die Dinge nicht soweit versachlichen, bis alles geradezu unpersönlich wird. Ich kann nicht abstrahieren vom Menschen und seiner Seele. De Maizière ist wohl ganz erheblich dadurch geprägt worden, auch in der Politik, daß er sich in seiner natürlichen Zuwendung sehr zügeln konnte. Er war kein Mann normaler Reaktion auf die Dinge, sondern auch als Premier dominierte diese Verschlossenheit eines Anwalts, der seinen Gefühlen und seinem tatsächlichen Empfinden keinen Raum gibt, sondern der taktiert. Und so was ist für mich kolossal strapaziös. Es ging doch ums Ganze, um unser Weiterbestehen als DDR, um unser Überleben, und da hatte ich bei ihm in zunehmendem Maße den Eindruck, daß er unter Zwängen stand, sich selber unter Zwänge setzte und Entscheidungen nicht mehr mit dem Herzen traf. Zum Anfang war das nicht so, ich hab' ihm alles geglaubt, seine Regierungserklärung war phantastisch, seine Intention zielte auf politische Eigenständigkeit. Aber das dauerte nicht lange. Es gab natürlich Dinge, die ich sehr an ihm schätzte: seine eindrucksvolle Unlust an öffentlicher Volksbefriedigung, seine Nachdenklichkeit. Mir gefiel auch, daß er seine Überwindung zeigte, die für ihn überhaupt erst nötig war, um in die Politik zu gehen. In einer Zeitung habe ich gelesen, daß er in Bonn auftrat wie der Chef eines intakten Staatswesens, obwohl er doch nur als der Mann galt, der den Osten reif zur Übergabe machen sollte. Ungebrauchte DDR-Bürger gäbe es nicht, sagte er und sprach von der Teilung, die durch Teilen überwunden werden müsse. Das legte man ihm in Bonn als Dirigismus aus und als Zweifel am segensreichen Selbstlauf der Marktwirtschaft.

Hans-Dieter Schütt: Wie Sie de Maizière beschreiben, weisen Sie indirekt noch einmal darauf hin, daß ein untrügliches Gefühl für die Menschen wesentliches Kriterium dafür sein muß, ob jemand für die Politik geeignet ist oder nicht. Würden Sie diesen Eindruck bestätigen?

Regine Hildebrandt: Ja, das finde ich auf jeden Fall. Ein Politiker bedarf eines großen Zuwendungsbedürfnisses. Er muß Interesse an den Problemen der Menschen haben, und er muß dieses, sein soziales Empfinden, auch vermitteln können. Ach was, ich will noch weitergehen, es sollten überhaupt nur Menschen, die glücklich sind, eine Verantwortung übernehmen, die sich auf das Leben anderer Menschen richtet. Sonst verschleppt man eigenes Unglück, eigene Unzufriedenheit auf anderes Leben, überträgt es auf die Arbeit und kann nicht schöpferisch sein.

Hans-Dieter Schütt: Das Vertrauen für Sie, die Hoffnung in Sie als Ministerin wird zusehends größer – weil auch die Not der Menschen größer wird. Nun sind auch Sie eingebunden in ein politisches Umfeld, aus dem heraus Sie nicht allein die Dinge bewegen können. Haben Sie manchmal Furcht, daß Sie dem

Vertrauen, das die Menschen in Sie setzen, aus durchaus objekti-
ven Gründen nicht gerecht werden können?

REGINE HILDEBRANDT: Die Gefahr liegt nahe, daß man Menschen
enttäuscht, weil viel zu große Erwartungen an einen gestellt
werden. Deswegen war mein Prinzip von Anfang an, bei Reali-
täten zu bleiben, nichts zu versprechen, was ich selbst nicht halten kann. Wenn man sich solche Dinge wie die ABM-Perspek-
tive für 1992 anschaut, geht es nicht an, zu sagen, Leute, wir haben ja über 150 000 Stellen – nein, man muß erklären, daß das
eine ganz schwierige Situation wird. Ich sage immer, wir geben
uns Mühe, wir versuchen alles, aber der Sachverhalt ist oft so,
daß wir nur wenig tun können. Die Leute müssen wissen, in
welchen Grenzen wir uns bewegen. Genauso mit den Renten.
Man muß schon sagen, daß auf keinen Fall stimmt, was in den
bunten Broschüren von Blüm drinsteht. Die Mitarbeiter in meinem Ministerium arbeiten wirklich bis an den Rand der Er-
schöpfung, aber sie können's trotzdem nicht schaffen. Es reicht
nicht aus, in Sonntagsreden die großartige Leistung der friedli-
chen Revolution zu loben und dann über das Anspruchsdenken
der Ostdeutschen zu schimpfen. Dabei dürfen wir nicht zulassen,
daß unsere eigenen Erfahrungen geleugnet werden. Sie sind ein
Teil der deutschen und der europäischen Erfahrungen; der Untergang des Sozialismus betrifft ja nicht nur uns. Er bleibt ein
Teil unserer gemeinsamen Geschichte, der wir uns hoffentlich
wieder einmal unbefangener nähern können, als das jetzt der
Fall ist.
In diesem Sinne ist Solidarität für mich nicht nur ein Begriff des
Sozialismus und der Arbeiterbewegung, sondern er hat eine viel
ältere christliche Wurzel. Für mich gehört Solidarität zum Kern
unseres Lebens wie die Gerechtigkeit und die Achtung vor dem
anderen Menschen. Viele Leute erleben als Folge der Vereinigung eine Verhärtung des Klimas, nicht nur des sozialen, und
übrigens auch nicht nur die Menschen in den neuen Bundesländern. Aber im Osten betrifft das sehr oft, viel zu oft, zum Beispiel
die Frauen. Sie tragen an der Arbeitslosigkeit die Hauptlast, und
man mutet ihnen zu, auf ein erfülltes Berufsleben zu verzichten.
Ich bin nicht gegen Küche und Kinder, und es wäre falsch, das

Berufsleben der Frau ideologisch als die einzige Form eines erfüllten Lebens zu verklären. Aber die Frauen, die berufstätig sein wollen, müssen dazu auch die gleiche Chance haben wie die Männer, oder – wie bei uns – behalten. Bei uns gibt immer noch die überwiegende Mehrheit der Frauen an, auf ihren Beruf nicht verzichten zu wollen. Aber es lastet ein starker Druck auf ihnen, und ihre Möglichkeiten wachsen nicht, sondern sie sinken.

Ich habe es immer wieder angedeutet: Die neuen Bundesländer stehen jetzt vor der schmerzhaften Aufgabe, aus ihren kärglichen Haushaltsmitteln jeweils Hunderte von Millionen für den Erhalt der Kindergärten herauszuschneiden, die auch für andere Aufgaben dringend gebraucht werden. Wir müssen das aber tun, denn ohne gesicherte Kinderbetreuung müßten die Frauen jede Hoffnung auf Arbeit fahren lassen, sie bekämen nicht einmal Arbeitslosengeld. Hier ist Solidarität dringend nötig. Auch in der Koalitionsvereinbarung der Bundesregierung ist angestrebt, die Kinderbetreuung deutlich zu verbessern. Ich weiß nicht, wann die Bundesregierung das verwirklichen will, aber sollen die Kindergärten in den neuen Bundesländern erst kaputtgehen, um sie später wieder aufzubauen?

Hans-Dieter Schütt: Haben Sie eigentlich schon mal darüber nachgedacht, wenn jetzt das Maß doch überschritten wäre und Sie aus einem Grunde, der mit Ihren Prinzipien zu tun hat, das Amt niederlegen würden, was Sie dann machen würden?

Regine Hildebrandt: Nein, darüber habe ich überhaupt nicht nachgedacht. Darüber brauche ich auch nicht nachzudenken. Ich fände sofort eine praktische Arbeit für mich. Vielleicht würde ich versuchen, in meinen ehemaligen Bereich zurückzugehen. Die Betreuung von Zuckerkranken gehört im Moment auch zu den gefährdeten, um nicht zu sagen: schon beseitigten sozialen Feldern. Das Betreuungssystem ist zusammengebrochen. Da würde ich gern helfen, um solche Modelle aufzubauen, die Sinn zeigen und Verbesserungen schaffen. Oder denken Sie an die vielen Möglichkeiten von Arbeitsloseninitiativen, Sozialprojekten; denken Sie an Jugendarbeitslosigkeit oder Obdachlosigkeit. Mir liegen diese sozialen Belange so am Herzen, daß ich gerne versuchen würde, über die Wohlfahrtsverbände oder Selbsthilfegruppen was auf die Beine zu stellen. Ich bin in der für mein Wesen unseligen Situation, daß ich reden, administrieren, am Schreibtisch sitzen muß und nur ab und zu wie ein Komet am Leben vorbeizische und allen erzähle, so und so könnte und müßte man die Lage verändern. Kaum ausgesprochen, bin ich schon wieder weg. Mir wäre viel lieber, ich könnte selber wieder mit anpacken. Gern würde ich mit Behinderten arbeiten oder alten Menschen. Alleinerziehenden würde ich gerne helfen wollen, Asylbewerbern, ich bin auch sehr gern mit Kindern zusammen. Mir ist keine Arbeit zu gering, Hauptsache, sie hilft Menschen. Ein Mensch hilft einem anderen – das ist mehr als alles Reden über die Veränderung der Welt. Das ist das schönste: vielleicht dazu beizutragen, daß der kleine Glaube eines Menschen an das Leben ein Stückchen größer wird.

HANS-DIETER SCHÜTT: Nehmen wir an, Sie säßen dennoch auf dem Stuhl von Norbert Blüm. Was würden Sie anders machen?

REGINE HILDEBRANDT: Wenn ich auf dem Stuhl von Blüm säße, dann hätten wir eine andere Regierung. Als erstes würde ich durchsetzen, daß die Mitbeteiligung aller Arbeitnehmer an den Lasten anders gestaltet wird. Wenn jetzt die Arbeitslosenbeiträge erhöht wurden, ja, wen trifft's denn? Doch nur die, die Arbeitslosenbeiträge zahlen müssen, die Beamten nicht, die Selbständigen nicht, die Großverdiener nicht. Es müßte eine Arbeitsmarktabgabe her für alle. Genauso würde ich endlich die Pflegeversicherung durchbringen. Und was ich unbedingt regeln wollte, wäre die Frage der Krankenversicherung. Und dann würde ich – aber dafür ist Blüm wohl nicht zuständig – den Beamtenstatus noch einmal grundsätzlich überdenken. Schließlich würde ich grundsätzlich die Frage nach der Finanzierung von Altenheimen und der Gestaltung der Sozialhilfe stellen – und im Zusammenhang damit auch die Frage nach der Notwendigkeit der Bedürftigkeitsprüfung. Also, es gäbe eine Menge zu tun.

HANS-DIETER SCHÜTT: Können Sie sich eigentlich ein Leben ganz ohne Arbeit vorstellen?

REGINE HILDEBRANDT: Arbeit ist einfach unentbehrlich. Wenn ich auch denke, daß es nicht immer und unbedingt bezahlte Arbeit sein muß. Natürlich ist bezahlte Arbeit die Basis. Es ist auch schön, wenn man am steigenden Gehalt merkt, daß die eigene Arbeit offenbar was wert ist und anerkannt wird.

HANS-DIETER SCHÜTT: Das fordert nun doch noch die Frage heraus: Hat Ihnen Geld früher etwas bedeutet – unter dem Blickpunkt, daß man nicht soviel davon hatte?

REGINE HILDEBRANDT: Mir hat Geld noch nie etwas bedeutet. Hat mir glücklicherweise nie etwas bedeuten müssen. Nach 1945, als wir ausgebombt waren, haben wir in bescheidenen Verhältnissen gelebt, wenn auch nicht in Armut, das muß ich schon sagen. Ich kann mich erinnern, nach dem Krieg kauften wir mit dem ersten Geld Fensterglas, um die Pappdeckel zu ersetzen. Mein Vater, der ein erfolgreicher Pianist in der Unterhaltungsbranche war, erlitt später einen Oberschenkelhalsbruch, er war schwerbeschädigt und also nicht mehr so einsatzfähig, wie er sich das wünschte. Aber wie gesagt: Zum relativ guten Leben reichte es immer. Während des Studiums war ich auf's Stipendium angewiesen. Ich wohnte allerdings zu Hause, also Miete und Essen waren geregelt, oft brachte ich noch Kommilitonen mit, denen, in monatlich wiederkehrender Situation, das Stipendium ausgegangen war. Oder eine Freundin kam mit, die erzählt heute noch: Wenn kein Stipendium mehr da war, wenn's nicht gereicht hat, sind wir erstmal zu Radischewskis – mein Mädchenname – und haben uns »durchgefressen«. Wir hatten ohnehin viel Besuch, damals schon, und meine Mutter hat stets etwas bereit gehabt. Also, irgendwie ging's immer.
Solch eine Erfahrung gegenseitiger Hilfe, die Geld nie als Endzweck, sondern als Mittel nimmt, finde ich ganz wesentlich. Freilich verdienten wir später für Ostverhältnisse mehr Geld, aber glücklicherweise besaßen wir stets einen Familien- und Freundeskreis, in dem die gleiche Einstellung zum Geld

herrschte, da konnte man sich was pumpen, wenn man schnell was kaufen wollte; ich denke noch an den ersten Kühlschrank und an unseren ersten alten »Wartburg«, da mußten wir uns Geld borgen. Sonst ja nie, aber beim ersten Kühlschrank, da war's nötig. Ansonsten kauften wir eben nicht mehr, als Geld vorhanden war. Direkt auf Pump lebten wir nie. Das gab es ja eigentlich nicht beim gelernten DDR-Bürger.

HANS-DIETER SCHÜTT: Wieviel verdienen Sie als Ministerin?

REGINE HILDEBRANDT: Also, da dürfen Sie mich nicht fragen, ich habe jetzt immer 6400 Mark Abschlag gekriegt. Aber wie gesagt, es ist nur Abschlag.

HANS-DIETER SCHÜTT: Ihr politisches Leben ist bereits von einigen kennzeichnenden Beinamen begleitet. Zunächst nannte man Sie die Kassandra der letzten DDR-Regierung. Hier in Brandenburg gelten Sie als Mutter Teresa des Landes oder aber als Mutter Courage. Können Sie mit diesen Begriffen für sich selbst etwas anfangen? Sind Ihnen diese Attribute der Popularität angenehm oder unangenehm?

REGINE HILDEBRANDT: Ich lasse mich durch Popularität nicht einnebeln. Ich hab' mich 40 Jahre lang in meinen Vorstellungen, die ich von mir selber hatte, bewahren können, und das tue ich auch jetzt. Zum Beispiel muß ich da noch einmal auf die Karriereplanung zu sprechen kommen – ein furchtbares Wort. Ich habe 1964 als stellvertretende Abteilungsleiterin begonnen und 1990 als stellvertretende Abteilungsleiterin aufgehört. Das war meine Karriereplanung! Taktisches Vorgehen zum Erzielen irgendeines erfolgversprechenden Effektes ist mir in der Seele zuwider. In diesem Sinne möchte ich mich auch nicht in eine Ecke stellen lassen, die da heißt »Prominente, womöglich was Besseres«. Alles, was auf eine gewisse Popularisierung oder möglicherweise Glorifizierung hinausläuft, kann nur schlecht enden.
Mutter Teresa – das ist nun äußerst anspruchsvoll, also verstehen Sie, die Frau, die an nichts denkt außer an ihren entbeh-

rungsreichen Dienst an den Armen, so ist das nicht bei mir. Es ist ja so, daß ich durchaus meine Familie, meine Freunde und auch noch andere Dinge brauche – bloß im Moment muß ich das übrige Leben irgendwie auf ein Minimum runterdrehen. Mutter Courage – das ist noch der einzige Begriff, mit dem ich mich unter Umständen identifizieren könnte. Unter Umständen. Denn das war ja auch eine sehr umstrittene Person, die bloß immer weitergemacht hat und weitergezogen ist, unbelehrbar. Wenn man's nun aber etwas konstruktiver interpretiert, dann entspricht das schon dem, was ich vermitteln möchte als Lebensposition: couragiert rangehen, sich nicht irritieren lassen, bloß nicht aufgeben. Beispielsweise, gestern in Strausberg geschehen, sagt eine Frau, sie sei jetzt in Fortbildung und Umschulung, weil sie sich von mir habe Mut machen lassen, obwohl sie über 50 ist – das ist für mich das beste Lob, der wichtigste Ansporn, der größte Dank. Bei der Einweihung einer Behindertenwerkstatt hat jemand zu mir gesagt, Frau Hildebrandt, Sie könnten ja glatt den Abwasch hier mitmachen. Das empfand ich als Kompliment. Ich antwortete: Was heißt denn hier »könnte«, ich habe mein Leben lang abgewaschen, und zwar in irren großen Mengen. Das werd' ich doch nicht innerhalb von ein paar Jahren vergessen.

Hans-Dieter Schütt: Unsere Autofahrt ist zu Ende. Tiefe Nacht. Wir sind in Berlin. Was, Frau Dr. Hildebrandt, brauchen Sie jetzt noch zur Entspannung, wenn Sie die Wohnung betreten?

Regine Hildebrandt: Meine Leute.

Hans-Dieter Schütt: Die werden wohl alle schon schlafen.

Regine Hildebrandt: Das macht nichts, die Wärme ist wichtig. Die strahlt aus.

Was würden Sie ändern, hätten Sie die Macht dazu?
Mehr Bewegung der Bürger. Weniger Parteien-Egoismus.
Ihr größter Wunsch?
Frieden zwischen den Menschen.
Was wäre für Sie das größte Unglück?
Krieg.
Was bedeutet Ihnen Geld?
Viel, wenn ich anderen damit helfen kann.
Ihr schönstes Erlebnis?
Aufwachen und etwas vom Tag erwarten.
Ihr größter Fehler?
Ungeduld, Fahrigkeit.
Welche natürliche Gabe möchten Sie haben?
Viele Instrumente spielen, viele Sprachen sprechen.
Wer oder was möchten Sie sein? Oder hätten Sie sein wollen?
Orchestermusiker.
Was wollten Sie einmal werden?
Ich wollte immer schon zum Hörfunk.
Ihr Vorbild?
Ich habe keines.
Wen oder was verachten Sie am meisten?
Arroganz der Macht.
Können Sie Kritik vertragen?
Ich glaube, ja.
Mit wem würden Sie gern mal einen Abend verbringen?
Mit Loriot.
Wen mögen Sie gar nicht?

Menschen, die Vertrauen mißbrauchen.

<u>Wen würden Sie auf eine einsame Insel mitnehmen?</u>
Da habe ich eine reiche Auswahl in meiner Familie.

<u>Wie möchten Sie wohnen?</u>
In der Stadt. Mittendrin.

<u>Was tragen Sie am liebsten?</u>
Lederjacke.

<u>Ihre Lieblingsblume?</u>
Alle Blumen – und zwar in der Natur.

<u>Ihre Lieblinggsfarbe?</u>
Helles Rot.

<u>Ihr Lieblingsduft?</u>
Düfte mag ich nicht besonders.

<u>Ihr Leibgericht?</u>
Leber.

<u>Ihre liebsten Romanhelden?</u>
Zum Beispiel Hadschi Halef Omar Ben Hadschi Abul Abbas
Ibn Hadschi Dawud al Gossarah.

<u>Ihre Lieblingsmusik?</u>
Bach. Bei dieser Musik ist Gott im Spiel.

<u>Ihre Helden in der Geschichte?</u>
Die sehr still Widerstand leisten. Die Geschwister Scholl. Die
mutigen Namenlosen.

<u>Ihre Helden in der Wirklichkeit?</u>
Die den Kopf nicht in den Sand stecken.

<u>Ihr Hobby?</u>
Jüngere deutsche Geschichte, ab Weimarer Zeit.

<u>Wo machen Sie am liebsten Urlaub?</u>
An der Ostsee.

<u>Möchten Sie nochmal 20 sein?</u>
Nein.

<u>Wie alt möchten Sie werden?</u>
So alt, daß ich würdig alt werden kann.

<u>Was schätzen Sie an einem Mann am meisten?</u>
Zurückhaltung.

<u>Was schätzen Sie an einer Frau am meisten?</u>
Selbstbewußtsein.

<u>Welche Fehler entschuldigen Sie am ehesten?</u>

Die versehentlichen.

Was machen Sie am liebsten?
Arbeiten dürfen. Nicht arbeiten müssen.

Was mögen Sie gar nicht?
Rockmusik. Bei uns zu Hause gilt das Abkommen mit unseren
Kindern: Sonntags nie!

Glauben Sie an Wunder?
Jetzt wieder, ja. Die Vereinigung Deutschlands war ein Wunder.

Glauben Sie an ein Leben nach dem Tode?
Ja.

Wie möchten Sie sterben?
Möglichst geruhsam, ohne Aufregung.

Ihr Motto?
Es gibt die Chance, jeden Tag neu anzufangen.

Was würden Sie ändern, hätten Sie die Macht dazu?
Das, wozu Macht immer wieder verführt: Machtmißbrauch.
Ihr größter Wunsch?
Allumfassende soziale Gerechtigkeit. Harmonie in der Familie,
im Freundeskreis.
Was wäre für Sie das größte Unglück?
Lügen zu müssen.
Was bedeutet Ihnen Geld?
Gar nichts.
Ihr schönstes Erlebnis?
Zu leben.
Ihr größter Fehler?
Ungeduld.
Welche natürliche Gabe möchten Sie haben?
Vorausschauen können. Über Heilkräfte verfügen.
Wer oder was möchten Sie sein? Oder hätten Sie sein wollen?
Tierärztin.
Was wollten Sie einmal werden?
Wieder: Tierärztin.
Ihr Vorbild?
Albert Schweitzer.
Wen oder was verachten Sie am meisten?
Opportunisten, Karrieristen.
Können Sie Kritik vertragen?
Teils, teils.
Mit wem würden Sie gern mal einen Abend verbringen?

Mit Loriot.

<u>Wen mögen Sie gar nicht?</u>
Wer auf Kosten anderer lebt.

<u>Wen würden Sie auf eine einsame Insel mitnehmen?</u>
Meine Familie. Und meine beiden Staatssekretäre.

<u>Wie möchten Sie wohnen?</u>
In einer Försterei, mitten im Wald.

<u>Was tragen Sie am liebsten?</u>
Sachen, die mich nicht behindern.

<u>Ihre Lieblingsblume?</u>
Frühblüher – Anemone, Leberblümchen.

<u>Ihr Lieblingstier?</u>
Pinguin.

<u>Ihr Lieblingsvogel?</u>
Zaunkönig.

<u>Ihre Lieblingsfarbe?</u>
Gelb, rot.

<u>Ihr Lieblingsduft?</u>
Wiesenduft.

<u>Ihr Leibgericht?</u>
Äpfel.

<u>Ihre liebsten Romanhelden?</u>
Die von Tschingis Aitmatow.

<u>Ihre Lieblingsmusik?</u>
Bach.

<u>Ihre Helden in der Geschichte?</u>
Friedrich der Große. Frau von Friedland, die hat im 19. Jahrhundert Böden kultiviert.

<u>Ihre Helden in der Wirklichkeit?</u>
Alle Menschen, die etwas dafür tun, um Helden überflüssig zu machen.

<u>Ihr Hobby?</u>
Singen, Hausmusik, Fotografieren, Wandern.

<u>Wo machen Sie am liebsten Urlaub?</u>
Egal. Wo man sich's schön macht, ist es schön.

<u>Möchten Sie nochmal 20 sein?</u>
Nein! Das war die Zeit, als die Mauer gebaut wurde.

<u>Wie alt möchten Sie werden?</u>

Wichtig ist mir nicht das Alter, sondern die Zurechnungsfähigkeit.

Was schätzen Sie an einem Mann am meisten?

Zuverlässigkeit.

Was schätzen Sie an einer Frau am meisten?

Zuverlässigkeit.

Welche Fehler entschuldigen Sie am ehesten?

Zuspätkommen.

Was machen Sie am liebsten?

Zeit so ausnutzen, daß ich spüre: Ich lebe aktiv.

Was mögen Sie gar nicht?

Zeit vertrödeln.

Glauben Sie an Wunder?

Ja.

Glauben Sie an ein Leben nach dem Tode?

Das Thema ist mir zu kompliziert, um es so flüchtig abzutun.

Wie möchten Sie sterben?

Ohne Schmerzen.

Ihr Motto?

Der hat sein Leben am besten verbracht, der die meisten Menschen froh gemacht.

Biographische Notiz

1941	am 26. April in Berlin geboren
1959	Abitur
1959–64	Studium der Biologie an der Humboldt-Universität Berlin. Abschluß als Diplom-Biologin
1964–78	Stellvertretende Abteilungsleiterin der Pharmakologischen Abteilung des VEB Berlin-Chemie. Aufbau einer Arbeitsgruppe Insulin
1966	Heirat mit dem Pfarrerssohn Jörg Hildebrandt
1968	Promotion zum Dr. rer. nat.
1978–90	Bereichsleiterin in der Zentralstelle für Diabetes und Stoffwechselkrankheiten Berlin
1989	Engagement in der Bürgerbewegung »Demokratie Jetzt«. Nachdem am 7. Oktober im Pfarrhaus von Schwante die Sozialdemokratische Partei der DDR (SDP) gegründet wird, tritt Regine Hildebrandt gemeinsam mit ihrem Mann am 12. Oktober dieser Partei bei.
1990	am 12. April, nach der ersten freien Volkskammerwahl in der DDR, Vereidigung als Ministerin für Arbeit und Soziales. Ende August Niederlegung des Amtes, nachdem die DDR-Koalition (CDU/DSU/SPD) an den Folgen der Auseinandersetzung um den Einigungsvertrag zerbrach.
1990	Am 14. Oktober erfolgreiche Kandidatur auf Listenplatz 2 der Landesliste SPD in Brandenburg. Am 22. November Bildung einer sogenannten »Ampelkoalition« aus SPD, F.D.P. und Bündnis

90/Grüne. Regine Hildebrandt wird Ministerin für Arbeit, Soziales, Gesundheit und Frauen.

1990   Im September war sie auch mit der größten Mehrheit aller Kandidaten in den erweiterten SPD-Bundesvorstand gewählt worden.

1992   Wahl zur »Frau des Jahres 1991« durch den Deutschen Staatsbürgerinnen-Verband

INHALT

Vorwort   7

Erstes Gespräch
Ein Herbstnachmittag
Leben in der Bernauer   15

Auf ein Wort
Von A wie Alpträume bis K wie Kündigungsschutz   73

Zweites Gespräch
Ein Winterabend
Vom Mut in der Nische   84

Auf ein Wort
Von L wie Leben bis Z wie Zweifel   122

Drittes Gespräch
Eine Autonacht
Kalenderblätter   132

Fragebogen Jörg Hildebrandt   179

Fragebogen Regine Hildebrandt   182

Biographische Notiz   185

Irene Runge   Uwe Stelbrink

Georg Mosse:
»Ich bleibe
Emigrant«

Gespräche
mit Georg L. Mosse

121 Seiten, Broschur, DM 12,80
ISBN 3-320-01754-3

Als Sproß der berühmten Verlegerfamilie Mosse
(»Berliner Tageblatt«) und damit eine der angese-
hensten Familien der liberalen, jüdischen Haute-
Bourgeoisie mußte er nach dem Machtantritt Hit-
lers emigrieren. Er lehrte als Historiker in den
USA, Europa und Israel; heute lebt er in Madi-
son/Wisconsin (USA). Vor allem seine Ansichten
über Rassismus, Nationalsozialismus, Sexologie
reizen zum Disput, zur Beschäftigung mit dieser
interessanten Persönlichkeit.

Dietz Verlag Berlin
Wallstraße 76–79 · Berlin O-1020

Bernhard Maleck

Wolfgang Ullmann: »Ich werde nicht schweigen«

Gespräche mit Wolfgang Ullmann

142 Seiten, Broschur, DM 12,80
ISBN 3-320-01753-5

»Es steht nunmehr die Aufgabe, die Einheit Deutschlands so zu gestalten, daß sie zu einer Einheit der Menschen wird. Das setzt voraus, daß sich die Bürgerinnen und Bürger gemeinsam eine Verfassung geben, die eine feste politische Grundlage für die demokratische Entwicklung Deutschlands garantiert.«

Dietz Verlag Berlin
Wallstraße 76–79 · Berlin O-1020

Irene Runge   Uwe Stelbrink

Gregor Gysi: »Ich bin OPPOSITION«

Zwei Gespräche mit Gregor Gysi

127 Seiten, Broschur, DM 10,80
ISBN 3-320-01687-3

Den streitbaren Rechtsanwalt Dr. Gysi
jagen die Ereignisse des Herbstes 1989
ins politische Rennen.
Längst haben die Medien entdeckt, daß er
ein geistreicher und kompetenter Politiker
und brillanter Kontrahent ist.

Dietz Verlag Berlin
Wallstraße 76–79 · Berlin O-1020

Irene Runge   Uwe Stelbrink

Markus Wolf:
»Ich bin
kein SPION«

Gespräche
mit Markus Wolf

126 Seiten, Broschur, DM 12,80
ISBN 3-320-01752-7

Wer ist Markus Wolf?
In mehreren Gesprächen mit ihm
suchten die Autoren Antwort auf diese Frage.
Das Ergebnis ist bemerkenswert.

Dietz Verlag Berlin
Wallstraße 76–79 · Berlin O-1020